SOTOMAYOR

SOTOMAYOR

TRAGEDIA Y ROMANCE TAINO

Frank Paquito Lopez

Library of Congress Control Number: 2021908225

HARDBACK: 978-1-955347-19-8
PAPERBACK: 978-1-955347-18-1
EBOOK: 978-1-955347-20-4

Ordering Information:

For orders and inquiries, please contact:
1-888-404-1388
www.goldtouchpress.com
book.orders@goldtouchpress.com

Printed in the United States of America

Índice

Agradecimiento

Para escribir este libro, conté con la ayuda de varias personas que con su preciada aportación, han hecho esta tarea mucho más fácil para mí.

Por ello, no puedo menos que consignar mi agradecimiento a algunos de los contribuidores que hicieron posible que esta idea se hiciera realidad.

Ante todo, mi agradecimiento a Dios que ha sido tan benévolo conmigo y a mis 73 años, me mantiene extremadamente saludable y con mente clara y ávida.

Al licenciado Heriberto Quiñones Echevarría, catedrático asociado y profesor de la Facultad de Derecho de la Universidad Interamericana de Puerto Rico quien, con su apoyo incondicional, hizo posible la culminación de esta obra.

A mi hermano Nin López, que me instó a involucrarme en la trágica historia de la invasión de nuestra Boriken por los conquistadores en aquella época.

A la profesora Marta Pérez López, quien me recibió en su cenáculo y me estimuló y apoyó a que siguiera en el mundo maravilloso de las letras.

A la profesora Milda Ortiz veles, por su dulce y valiosa aportación.

A Pedro N. Pérez Romero, célebre pintor sabaneño y autor de la portada, por su paciencia ante mis continuas demandas.

Finalmente, pero no menos importante, a la Honorable Sonia Sotomayor, Jueza Asociada del Tribunal Supremo de los Estados Unidos de Norteamérica. Sin saberlo, la jueza Sotomayor me inspiró a involucrarme en esta difícil empresa con su libro "Mi Vida" y con su distinguido apellido, de tan significativa historia en Puerto Rico.

Prologo

Por Heriberto Quiñones Echevarría. Catedrático asociado y profesor de la facultad de derecho de la universidad interamericana de Puerto Rico

En su nueva producción literaria, el escritor Francisco (Paquito) López, Maricao Puerto Rico, se enfrenta a uno de los sucesos más impactantes de los primeros años de la colonización de Borinquén: el ahogamiento de Diego salcedo por parte de un grupo de tainos comandado por el Cacique Urayoán, y la consiguiente revelación de que los españoles no eran inmortales. Si bien es cierto que de estos sucesos se ha escrito en nuestros libros, fue Paquito quien asumió la gran tarea de escribir esta novela para recrear el trasfondo detallado del que carecen otros libros de historia. De manera que Paquito nos narra cómo pudo transcurrir la vida en la taína Boriquen, comenzando con las terribles incursiones de los caribes, el arribo de los conquistadores, y sobre la traición de éstos, al pacto de amistad ofrecido por los taínos, y de la inmisericorde explotación que subsiguió.

También nos cuenta Paquito sobre las gestas militares de Don Juan Ponce de León antes de integrarse a la empresa de la conquista, y sobre el desenvolvimiento de Don Cristóbal Sotomayor en la Corte Castellana, y subsiguiente romance con la princesa taina.

El gran logro del autor, es que transforma en seres de carne y hueso y emociones, a individuos que debido a la distancia en el tiempo, pasan por nuestra historia como meras estrellas fugaces.

En forma magistral, Paquito nos introduce con su magia narrativa, a cada carácter en forma intima, levantando nuestro interés en ellos, mucho antes de su intervención en la vida taína. Eventualmente, su novela los une a todos, y los hace parte integral de un relato emocionante, e informativo que mantiene al lector envuelto y sumamente interesado, por su valor histórico. Esta novela te hará reír y te hará llorar, y la crudeza de algunos acontecimientos, despertará tu ira y tu frustración.

Curiosamente fue la designación de la licenciada Sonia Sotomayor, reconocida abogada puertorriqueña y jueza del sistema de tribunales federales, al tribunal supremo de Estados Unidos, lo que motivó a Paquito a escribir este nuevo libro al reflexionar sobre los logros académicos y profesionales de la distinguida magistrada boricua, y retrotraer su distinguido apellido hasta los primeros años de la conquista española de nuestra isla.

En su primer libro, Mis recuerdos de Indiera Fría, Paquito nos demostró su sutileza con las décimas que realzaron sus historias. En esta, su segunda obra, el autor también adorna su relato con las creaciones decimales de su propia inspiración que describen poéticamente, importantes rasgos de varios de los caracteres individualmente. Se trata de una lectura interesante y amena que logra que el interés del lector por conocer los detalles de la historia, no decaiga. Enhorabuena a Paquito López por este triunfo.

La Naturaleza presta
Su más hermoso follaje,
Para brindarle al paisaje
La magia de la floresta.
Prístina se manifiesta
En su manto de lozanía,
Compartiendo esa armonia
Vive el taíno ancestral
Parte íntegra y vital,
De aquel mundo en que vivía.

Guaynía, Borikén precolombina

La hermosa isla de Boriken fue residencia por muchos siglos de los taínos, una rasa noble y amante de la paz. Eran ellos los descendientes de las tribus Arahuacas, que poblaban la región de Venezuela y Sur América por milenios. Con el paso el tiempo, fueron emigrando, y eventualmente se establecieron en las Antillas mayores.

En aquellos tiempos, y antes de la llegada de Colón, los tainos eran nativos aborígenes, pero el navegante los confirmó como indios equivocadamente, pensando que su incursión marina lo había llevado a la india.

Los tainos Convivían pasivamente y entre ellos no existían guerras ni discordias. La población era de muchos miles y vivían tranquilamente de lo que la misma naturaleza producía. Practicaban la caza y la agricultura. Sus conucos* eran extensos y variados. La pesca en los ríos y el mar, también les proporcionaba sustento en abundancia. Su existencia era pasible y tranquila y su cultura floreció, integrándose con el prístino ambiente que los rodeaba, y que ellos veneraban.

Aunque nunca tenían conflictos entre ellos, eran a beses acosados por otra rasa belicosa proveniente de otras islas caribeñas* que ambicionaban su territorio o sus hembras. La valentía y el amor por la isla de Boriquen, mantenía a los tainos unidos, y valientemente rechazaban los violentos ataques, manteniendo su albedrio libre de invasores.

La isla estaba dividida en diferentes poblaciones o cacicazgos. Un Cacique principal gobernaba sobre todos ellos. Su nombre era Agüeybaná , y su territorio se llamaba Guainía* en el sur de la isla. Éste se extendía desde la hermosa playa, hasta las verdes montañas donde tenía su principal yucayeque*, a la orilla de un hermoso lago*.

En una clara mañana, Por la selva virgen y frondosa de los tainos, una esbelta figura humana corría a una velocidad pasmosa. Era el joven Agüeybaná el bravo, sobrino del Gran Cacique que llevaba el mismo nombre. Cazador experto e insuperable, que ya había seleccionado su presa y, arco en mano, se movía con la gracia y destreza de un felino para atraparla. Aquel era su lugar favorito para cazar, ya que debajo del espeso bosque, la vegetación era rala, y le permitía correr a la velocidad que se requería para aquel tipo de caza. Su meta era una colorida iguaca* que minutos antes, estaba muy tranquila en el fresco suelo, parlando con los compañeros y comiendo de las pomarrosas maduras que caían bajo el árbol. Ahora, sorprendida con la presencia humana, se levantó en despavorido vuelo tratando de escapar, pero su colorido plumaje ya la había sentenciado. Aunque iba envuelta en la manada aérea y la algarabía era ensordecedora, Agüeybaná no la perdía de vista.

Unos metros al margen del veloz taíno y sin ser vista, una bella figura femenina se movía al compás del cazador. Era Guanina, su hermosa y joven hermana, que lo seguía sin dificultad. En realidad, ella corría más ligero que él, y se le adelantaba. Había hecho aquello en tantas ocasiones desde que era niña. Era sin duda, su diversión favorita. Le fascinaba contemplar a su hermano en la cacería, usando aquella destreza que lo caracterizaba y que lo distinguía sobre los demás cazadores. Lo conocía tan a fondo por verlo tantas veces, que fácilmente anticipaba su próximo paso y se adelantaba para posicionarse. Allí lo vio una vez más, cuando corría velozmente con su arco ya extendido y ya casi debajo del ave que trataba en vano de ser más rápida que él. En plena carrera, apuntó su afilada flecha hacia arriba. Se detuvo por una fracción de segundo. Hincó su rodilla izquierda en el suelo y dejó ir la silbante flecha.

En ese breve instante, la figura esbelta del musculoso cazador con su arco y su flecha en aquella posición, semejaba una exquisita escultura griega donde el escultor mostraba en su marmoleada obra maestra: vitalidad, energía y gracia en suma perfección simétrica.

La flecha traspasó el corazón, y el ave murió en el aire, y ni siquiera sintió el impacto. El objetivo era flecharla por debajo para no dañar las largas plumas superiores, las cuales se usaban en diferentes adornos. Una vez más, el taíno lo había logrado. Y corría para atrapar el cuerpo en el aire, protegiendo así su bello plumaje.

Guanina, como de costumbre, tuvo que ponerse las dos manos sobre la boca para ahogar un grito de exaltación. Su hermano era el único cazador que podía lograr semejante hazaña. Lo contempló llena de amor y admiración. Como jadeante y sudoroso, con su sangre cargando torrentes de adrenalina, hacía su acostumbrado baile mientras ululaba triunfante, y les rendía agradecida pleitesía a los Dioses. A sus gritos, acudieron los otros taínos, y también bailaban a su alrededor y aullaban con él, celebrando la victoria de la caza en general. Era el ancestral rito que estremecía aquellas selvas vírgenes, y que no había cambiado en milenios.

La princesa apareció con las demás mujeres que, como norma, iban con los cazadores para cargar las presas de la cacería. Sonriendo le daba palmadas en el hombro a su hermano mayor. "Buena caza hermano. Yo me encargaré de las plumas". Mientras le hablaba, cogió el ave de sus manos y arrancó la fina flecha del cuerpo y se la entregó. Las demás mujeres trataban de quitarle el ave a Guanina, para ellas desplumarla. No podían permitir que la joven taína interviniera en ningún trabajo.

Guanina era la bella princesa. Querida de todas las mujeres de la aldea, que todavía le peleaban cuando se iba detrás de su hermano en su carrera loca. Lo cierto era que ninguna podía ordenarle. Ella era de alta alcurnia. Sobrina del gran cacique, y si algo le sucediera a su hermano, sería ella la próxima cacica, siendo la última por la línea maternal, que era lo requerido en aquella estricta cultura.

Unos días después de la emocionante caza, se encontraba el joven taíno sentado a solas bajo la refrescante fronda de una antigua ceiba. El árbol desplazaba sus viejas y descomunales raíces que semejaban gruesos tablones que surgían de la tierra alrededor de este, para nutrir y sujetar el gran peso del centenario tronco.

Era aquel el sitio preferido de Agüeybaná. Sentado cómodamente bajo el centenario árbol, contemplaba el hermoso lago que se extendía claro y plácido, protegido por las verdes montañas que celosamente lo rodeaban. Desde aquella altura, también contemplaba su aldea y todo lo que acontecía en ella. Oía claramente los niños y la algarabía de sus juegos y recordaba cuando debajo de aquel mismo árbol, él y su hermanita Guanina jugaban en su infancia. Según le contaba su madre, aquel árbol era parte del acervo cacical y solo podían visitarlo el cacique o su familia. Allí también había jugado ella cuando niña y, por generaciones, los caciques habían disfrutado del solaz que ofrecía la enorme ceiba.

A su lado y recostado sobre una de las alta raíces, se encontraba un enorme arco con sus flechas, que había acabado de enlazar con una cuerda nueva y fuerte. Aquel no era el mismo arco que utilizaba cuando iba de cacería. Era un arma poderosa y letal, que se usaba en combates. También junto al arco, había una pavorosa hacha de piedra de cuarzo que también había afilado como parte del mantenimiento de sus armas de guerra.

Ahora, se recreaba uniendo las coloridas plumas que había adquirido en la reciente caza, a una banda que llevaría en su antebrazo y que era su orgullo. Esta la usaba en diversas actividades rituales junto a su tío, el gran cacique Agüeybaná.

Tan abstraído estaba en su labor, que no vio la gran nube de humo, que provenía de la aldea y que indicaba que algo horrible estaba pasando. Sus oídos sin embargo, captaron los sonidos que eran diferentes a los que estaba escuchando de los niños. Cuando alzó su vista, intrigado, su corazón dio un vuelco. Instantáneamente, reconoció que estaban bajo el ataque de los despiadados Caribes. Estos guerreros, que venían de otras islas cercanas, eran los únicos enemigos que los tainos tenían. Era su malvada costumbre, venir a Boriken de sorpresa para raptar las hermosas hembras tainas que eran afamadas por su belleza y encanto. También se apoderaban de otros indios para esclavizarlos o devorarlos, ya que también se consideraban caníbales.

No había pasado una fracción de segundo, y ya el bravo guerrero iba en carrera desenfrenada por la estrecha vereda que bajaba hacia la aldea. En su diestra, blandía el arco, ya con una larga y filosa flecha de punta pétrea y afilada. De su cintura colgaba el hacha pavorosa. Su humor esta vez no era la diversión de la caza. De aquella ceiba, había saltado un guerrero taíno dispuesto a la batalla inminente. La vereda se le hacía interminable y quería volar para proteger su familia. Mientras se acercaba, analizó la situación. La escena era la misma de los ataques anteriores. Los malditos siempre usaban la misma táctica. Venían por la mar en sus canoas por la noche, y desembarcaban sin ser vistos. Luego caminaban en la oscuridad el gran tramo hasta llegar al lago en las montañas, y rodeaban la aldea. Allí vigilaban pacientemente hasta que llegaba la luz del nuevo día, y las desprevenidas mujeres estaban solas y ensimismadas con la labor en el conuco. Perversamente, preferían atacar de día para poder escoger las hembras más bellas.

Se dividían en tres grupos, cada cual con un propósito diferente. El primero, encendía los bohíos para sembrar pánico y confusión. Muchos taínos se distraían tratando de exterminar los diferentes fuegos, lo que aprovechaban los caribes para poner en práctica su plan de ataque. El segundo grupo se enfrentaba a los guerreros que salían a la defensa de la aldea. El tercero aterrorizaba a las hembras que huyéndoles, se introducían en el bosque, donde eran víctimas desafortunadas de los agresores que las violaban y las raptaban,y aprovechando la batalla en la aldea, las cargaban por el bosque hasta llegar a las canoas en la costa, que los llevarían de regreso a las islas de donde provenían.

Los aterrorizados taínos, no sólo peleaban por sus hembras, también temían por su propia suerte. Sabían que estos salvajes eran caníbales, y muchas de sus víctimas terminaban asados en las brasas y devorados o esclavizados. En muchas ocasiones, las hembras preferían morir y se lanzaban al mar para privarse de la vida.

Guanina corría velozmente por la orilla del lago. Su belleza única la había delatado, y dos caribes la perseguían con muy malas intenciones. Por su gran agilidad, se había liberado ya una vez de ellos. Cuando lo vio oportuno, se dirigió al bosque y corría como gacela buscando el refugio de la espesura. Ya casi dejaba atrás sus dos perseguidores, pero desafortunadamente cayó en los brazos de dos más, que surgieron de sorpresa en su camino, parando su alocada carrera. Los cuatro cayeron sobre ella y aullaban victoriosos por la magnífica presa. Ignoraban sin embargo, que habían despertado la ira del hermano de la víctima, el guerrero más bravo de aquella isla que ya los había divisado y corría a la defensa de su querida hermana.

La princesa forcejeaba y se defendía con gran fiereza. Uno de los Caribes logró agarrarla por su larga cabellera y la dominó por detrás, con su brazo en el cuello de la doncella.

La joven horrorizada, contemplaba el rostro de uno de sus atacantes que ya la tocaba.

De súbito, observó desconcertada, que del sudoroso y musculoso pecho de su agresor, brotó la punta filosa de una flecha, en el lado donde estaba su corazón. Éste se desplomó, ya muerto en la caída, y fue entonces que Guanina vio con alivio a su hermano mayor, que ya levantaba la rodilla del suelo y volvía a correr hacia ellos. Esta vez, tiró el enorme arco que ya no le servía en tan corta distancia. La pavorosa hacha, ya blandía en su fuerte mano. Los atacantes, sorprendidos, decidieron hacerle frente, confiando en que eran tres contra uno. El primero portaba una macana y decidió usarla en contra de aquella figura que como un torbellino se acercaba vertiginosamente. No logró levantar su brazo. El hacha taína ya estaba clavada en su pecho, cercenando el hueso pectoral. Ahora, dos hachas más entraban en acción, pero una de ellas se hizo astillas cuando el taíno alzó la suya para parar el golpe que venía. Junto con las astillas también cayeron los dientes y la mandíbulas que sucumbieron al impacto terrible de aquel arma que surcaba el aire precisa y dañina. El último caribe viendo la ferocidad del taíno, optó por correr velozmente para salvar su vida. Aunque llevaba unos segundos de ventaja, su carrera paró en seco, cuando el hacha de Agüeybaná, surcó el aire y se clavó despiadadamente en la parte trasera de su cabeza. Solo unos segundos duró la batalla. La princesa, agradecida, siguió a su hermano, que velozmente volvía a la humeante aldea.

"Ve y guarécete en la ceiba" le dijo y continuó corriendo. Ella lo obedeció, dirigiéndose por la vereda tantas veces recorrida. Al llegar al centro de la aldea, el joven vio con alivio que el *caney* de su tío, no había sido quemado y allí estaba su anciana madre rodeada por guerreros que la protegían. El gran cacique se encontraba organizando la persecución de los invasores que se habían replegado ante la obstinada resistencia de los taínos. Algunos caribes yacían muertos al margen de la aldea. Otros, desesperados, corrieron hacia el lago y tras de apoderarce de algunas canoas, remaban frenéticamente en su huida, pero no lo suficientemente rápido como para evitar la lluvia de flechas que descendió sobre ellos, matándolos a todos.

El viejo Cacique entonces le ordenó a su sobrino que escogiera los más veloces y bravos guerreros, y persiguiera a los demás caribes que ya se habían adentrado en la selva, e iban rumbo a la costa con un grupo de mujeres que habían logrado raptar.

La carrera fue extenuante pero ya los Caribes, siguiendo su plan malévolo, habían abandonado el área mientras sus *naborias* se batían sin mucha oportunidad de triunfo, pero ese era el plan, para que ellos escaparan con su preciada carga. Llegaron a la playa y ya se disponían a abordar las enormes canoas, cuando de la espesura se escuchó el grito de guerra taíno que los paralizó de miedo. Los caribes ya habían experimentado la valentía y el denuedo de aquellos guerreros.

No era lo mismo sorprenderlos desarmados y vulnerables. Ahora venían iracundos y con ansias de venganza. Algunos Caribes, lograron abordar y dejando las mujeres atrás, remaban desesperadamente fuera del alcance de las flechas. Los desafortunados que quedaron en la orilla, se vieron obligados a enfrentarse a la ira implacable de los guerreros. La batalla fue formidable. Ambos bandos se batían por su vida. Los guerreros Caribes eran afamados por su ferocidad, pero la valentía de los taínos demostró ser superior, y sus hachas y macanas mermaron la defensa de los Caribes y en poco tiempo, los invasores yacían sin vida junto al mar que allí los trajo.

Aquellos que se escapaban, aunque ya estaban retirados, pudieron sentir, atónitos, cómo caían bajo el impacto de una flecha singular que los traspasaba, uno por uno, con velocidad y precisión escalofriantes. Habían oído de aquel gran guerrero, pero no tenían idea de que habían invadido su territorio y horrorizados, experimentaban su furia bravía en sus propios cuerpos. Dos de ellos quedaban en la canoa que ahora estaba casi llena de cadáveres. Se resignaron a su suerte y a sentir el dolor de aquella flecha que los traspasaría. Pero las flechas no llegaron, aunque la canoa ya no avanzaba. Miraron desconcertados hacia la playa que estaba roja con la sangre de sus compañeros que yacían sin vida en la blanca arena.

Los aullidos rituales de triunfo se oían y, entre ellos, sobresalía un nombre: "Agüeybaná, Agüeybaná". Los dos caribes entonces comprendieron por qué sus vidas fueron perdonadas, y comenzaron a remar hacia su isla, frenéticamente, con el solo propósito de contar aquella historia, para que en el futuro, los invasores lo pensaran dos veces, antes de invadir aquella aldea que estaba protegida por el fiero taíno de nombre Agüeybaná, el Bravo.

*Guainía: hoy, región de Guayanilla
*Boriken: nombre taino de Puerto rico
*Lago: actualmente, el lago de Yauco
*Conuco: hortaliza
*Iguaca: cotorra
*Caney: vivienda principal del Cacique
*Islas: Las islas Canarias

Granada, España. 1492.

En lo que sería el combate final entre moros y cristianos en España, la batalla era cuerpo a cuerpo, violenta y sangrienta. Más de dos mil hombres combatían ferozmente en una horrorosa y cruenta lucha hasta la muerte. En el medio de ésta, se encontraba Juan Ponce de León, quien haciendo alarde de su famoso nombre, peleaba como un león enfurecido. Sus hazañas eran legendarias y era un formidable militar, endurecido y adiestrado en el campo de batalla. Diez años habían durado aquellas batallas para liberar a Granada y él había participado en muchas de ellas. Ahora se batía de nuevo, en la feroz y decisiva batalla que pondría fin al reino moro en su querida España. La victoria era imperativa y él estaba allí, dispuesto a derramar su última gota de sangre para lograrlo.

Ocho siglos hacía que aquellos invasores islámicos habían salido del norte de África, sembrando el terror con sus ejércitos implacables y feroces. Ningún reino podía superar aquella horda violenta que con el mero número de sus tropas, y el salvajismo de sus ataques, causaba caos y destrucción, provocando pavor a su paso. En cuestión de meses lograron conquistar la península ibérica, donde sometieron a los españoles a vivir bajo el yugo musulmán. Aunque fue en España, donde se establecieron por tantos siglos, este fue el único país que nunca los aceptó y que jamás se doblegó a su dominio y a sus creencias. La iglesia católica logró mantenerse al frente de la agresiva religión musulmana.

Les había tomado muchas generaciones, pero gradualmente en feroces encuentros, los indomables españoles fueron desplazando de su tierra a los usurpadores. Granada era el último bastión musulmán. Juan Ponce de León, ni siquiera consideraba otra alternativa que no fuera el triunfo definitivo. Dejaría su propia vida en aquel campo con tal de liberar la patria de una vez y por todas. El hecho de que aquellos eran los últimos musulmanes, y que esta vez la expulsión sería completa y definitiva, lo estimulaba y lo hacía más letal.

Era una batalla que no podían postergar, ni podían perder. Más de mil guerreros en ambos lados tomaban parte en aquella brutal carnicería. Por encima de los relinchos y los cascos de los espantados caballos, el grito de guerra era ensordecedor. Se componía de dos lenguajes, vociferando maldiciones y horribles alaridos de puro dolor físico. De sonidos guturales y bestiales para intimidar al enemigo o para amortiguar el terror que tantos sentían. De entre la infernal gritería, a veces se podía distinguir: "¡Por España y por Cristo!" "¡Por Alá!" Aumentaba el infernal sonido, los golpes de las espadas o las masas, chocando contra los escudos y las armaduras. Seguidos por los horribles chasquidos de las armas cuando hacían contacto con la carne o con los huesos.

Increíblemente, Ponce de León se hallaba en su elemento. Había nacido para ser guerrero. La carrera militar era su meta desde muy joven. Estaba orgulloso de cómo había subido en los rangos, y hoy era un oficial reconocido por los reyes de Castilla. Su valentía era indiscutible y nunca había rechazado una buena pelea. El furor de aquella lucha activaba cada fibra de su ser. Era como una máquina incansable y eficiente. Se movía con asombrosa agilidad, esquivando las curvadas dagas árabes, que rebotaban chispeantes de su acerado escudo.

Su larga y filosa espada era una extensión de su propio brazo. La blandía furiosamente y en cada golpe, inutilizaba al enemigo. No todas sus estocadas eran mortales pero con despiadada precisión hería al enemigo para que no pudiera pelear más. No quería desperdiciar sus energías matando a cada moro. Además, su compasión superaba el resentimiento que les tenía y por lo tanto, le daba al pobre desgraciado otra oportunidad en la vida, siempre y cuando lo hiciera fuera de España. Sabía conscientemente que a él, los moros lo matarían sin piedad si bajaba su guardia, por eso se mantenía alerta, con todos sus sentidos protegiendo su propia existencia.

Se encontraba en un estado de euforia y la adrenalina corría por sus arterias como un caudaloso y violento río. Lo enardecía la batalla despiadada y el acre olor que ésta producía. El olor de la destrozada carne humana y animal. El de la sangre que enrojecía y ablandaba el terreno, tornándolo en un malévolo lodazal. La peste del sudor, vómitos, orín y excremento humano y animal, todos mezclados en uno, le era tan familiar. El diabólico vaho, despertaba en él un sentimiento primitivo, bestial y salvaje, que lo tornaba en una fiera incontrolable y temible.

De momento, sintió la dolorosa mordida de la cimitarra que había encontrado un punto vulnerable en su hombro. Increíblemente su cuerpo produjo una nueva oleada de energía enfurecida y animal.

"¡Hostia!" gritó con vos iracunda, y se volvió como un relámpago rabioso. La espada ya surcaba el aire en fatal movimiento y un brazo moro cayó al enrojecido suelo en contracciones espasmódicas, todavía empuñando el arma curveada. Como si esto no fuera suficiente para aplacar su furia primitiva, en otro certero y fulminante movimiento, su espada desunió la cabeza con turbante del cuerpo de aquel guerrero moro.

Ese fue un punto decisivo en la feroz batalla. Al ver aquella furia animal, el enemigo instintivamente evadía la confrontación con aquella terrible espada toledana. Ponce de León, reconociendo el efecto, no vaciló un instante e inició la persecución, instando a sus soldados, que estimulados con sus gritos de guerra, lo seguían ciegamente con un nuevo impulso. La aterrorizada horda musulmana comenzó a desbandarse ante el frenético avance. La persecución fue implacable, eliminando aquellos que encontraban el coraje para enfrentárseles. El eficaz ejército español, olía la victoria y era inclemente. Siglos de opresión habían cultivado un resentimiento que iba pasando y aumentando de generación en generación. Aquella era la gloriosa hora donde podían darle rienda suelta a aquel volcán que quería hacer erupción por tanto tiempo. El sentimiento era general y el culminante momento fue percibido por todo el poderoso ejército, y los tocó como un rayo. Los guerreros cristianos no les dieron tregua a los infieles, y no detuvieron aquella patriótica ola hasta que los vieron vencidos completamente.

Incrédulos y desconcertados, los generales musulmanes acostumbrados por mucho tiempo a ser los triunfadores, esta vez reconocieron su derrota. Finalmente derrotados y humillados, se vieron obligados a poner sus armas en el suelo, cediéndole la victoria al ejército español.

Al fin, España había sido liberada. Inmediatamente, en el vasto prado español, se difundió un grito de guerra que adquirió otro tono muy diferente. Ahora eran gritos de puro júbilo, emitidos en lengua castellana.

-"¡Viva Cristo! ¡Viva España! ¡Vivan los Reyes! ¡Viva Ponce de León!"

Horas más tarde, bajo un refrescante soto, Ponce de León pudo sentarse a descansar. Ahora estaba mucho más calmado. Su hombro ya no sangraba y la sangre seca coronaba la herida. El dolor que sentía era insignificante comparado con la satisfacción que lo invadía. Reflexionó sobre la cruenta batalla y saboreó la victoria. Sabía que estaba viviendo un momento definitorio de la historia y que Boabdil "El chico" sería el último Rey Moro en España.

Estaba orgulloso de las victoriosas fuerzas españolas a las que pertenecía. Pensó en Rodrigo Díaz de Vivar, "El Cid"; su héroe favorito, que cuatro siglos antes, cabalgando sobre su famoso caballo *Babieca*, había logrado derrotar a los moros en Valencia. . Pensaba también en Roldán y sus doce pares que en tiempos remotos, bajo el mando de Carlos Magno, salieron de Francia y perdieron sus vidas en la zona ibérica, defendiendo el Cristianismo. Ahora, con regocijo y orgullo se sentía satisfecho de haberlos vengado.

Ponce de León
en el Nuevo Mundo. 1493

Al terminar la guerra de Granada, la popularidad de Juan Ponce de León era reconocida en la Corte, y en toda España. Los Reyes Católicos, celebraban la buena fortuna de su monarquía. Por primera vez en siete siglos, el reino español era libre de los musulmanes y, a la misma vez, reclamaba un nuevo mundo recién descubierto y que prometía oro y riquezas.

Cristóbal Colón, de origen italiano, era el valeroso navegante responsable de la histórica hazaña y era considerado como un héroe. Esta vez, se preparaba para su segundo viaje, con una flota de 17 embarcaciones. Personalmente, le hizo el honor a Don Juan Ponce de León al invitarlo a conocer el Nuevo Mundo. Los Reyes asintieron a la idea. El aguerrido soldado podría ayudar con su experiencia a controlar a los salvajes que de seguro los soldados enfrentarían en las islas.

Ponce de León iba entusiasmado. Como militar aventurero que era, la idea de ver nuevas tierras lo emocionaba. En esos momentos no tenía ideas sobre política, ni de guerra. Solo deseaba despejar su mente de las batallas de los últimos diez años. Sólo una idea y un deseo ocupaban su mente. Según los relatos que habían llegado a sus oídos, en algún sitio de este exótico nuevo mundo, existía la codiciada y elusiva fuente de la juventud, donde las aguas le restablecerían su juventud y su vitalidad, para Ponce De León que ya estaba entrado en años, aquella fuente era de suma importancia Aquel viaje imprevisto era un buen augurio, y se presentaba como una gran oportunidad de encontrar tan apreciado tesoro.

Al llegar a lo que hasta entonces se creía eran las Indias Occidentales, su primera experiencia con los indios ocurrió en una radiante mañana cuando la tripulación rescató del agua a un grupo de indígenas que nadaban hábilmente y como huyendo de algo. Se trataba de 12 hembras y dos varones. Todos estaban desnudos, y las mujeres eran de magnífica belleza. Hablaban una lengua muy bella y dieron a entender que se habían escapado de sus captores y señalaban hacia dónde según ellos, había una isla llamada Boriken y que era su hogar.

Hacia allá se dirigió Colón, pero estando cerca de la isla referida, los nativos se lanzaron al mar, y nadando decididamente, llegaron a la orilla. Ponce de León miraba admirado como desaparecían en la densa y verde vegetación. La nave circundó un tanto la isla, y Cristóbal Colón, impresionado con su belleza, decidió bajar a tierra. Aunque notaron que cerca había una aldea, no encontraron a sus habitantes; quizá porque los nadadores les habían advertido de los seres extraños que se aproximaban. Bautizó la isla como San Juan Bautista, y la tomó en nombre de los Reyes de España. Un río que allí desembocaba en el mar, les proporcionó agua fresca, y de ésta, se aprovisionaron ávidamente todos los barcos.

Al llegar más tarde a la Española, contrario al paraíso que anticipaba, De León, solo encontró una densa selva, cálida y húmeda. 1,400 hombres desembarcaron de las 17 naves y ninguno tenía una idea del próximo paso. Los soldados, que eran los más disciplinados, se dieron a la tarea de abrir un gran campamento.

Colón estaba ansioso de hablar con los exploradores que había dejado en el fuerte Navidad, en su primer viaje cerca de un año atrás. Estaba esperanzado de que hubieran tenido éxito y que tendrían bastante oro acumulado. De León, ansioso de aventura, se unió al grupo que el Almirante envió para contactarlos.

Llegaron allí por la noche, y temerosos de sufrir la misma suerte de la Santa María, que en su primer viaje, había sido destrozada al encallar en las piedras de la orilla, el Fuerte Navidad, había sido construido con las maderas de la desafortunada nave.

Optaron por esperar la luz del día para desembarcar. No obstante, para anunciarse, dispararon un cañonazo, del cual no hubo repuesta alguna. Al otro día, cuando desembarcaban, notaron dos cadáveres ya descompuestos, flotando en las aguas. Más tarde descubrieron dos más. Uno de ellos tenía la barba larga, por lo que dedujeron que era español, y que algo horrible había acontecido. Cuando De León llegó al fuerte con sus compañeros, encontró un terrible cuadro de destrucción absoluta. Del fuerte solo quedaban ruinas y cenizas. Pero de los ocupantes, no hallaron más cuerpos.

Al regresar, informaron a Colón del infortuno hallazgo. Al otro día, el Almirante en persona llegó al destruido fuerte, buscando desesperadamente detalles de lo allí ocurrido. Ponce de León también observó cómo Colón sufría por la gran tragedia, y para colmo, tampoco encontró el oro en un predeterminado escondite que él mismo había elegido.

De ahí en adelante, la vida de Juan Ponce de León, no fue la misma. De hecho, se convirtió en una horrible pesadilla. Se vio forzado a unirse a los soldados del ejército español, el cual se dedicó de lleno a perseguir a los caribes, y vengar el ataque. Tuvo que pelear bajo el comando de los generales que ya venían con ese cargo, y eran los únicos que montaban los caballos que habían traído.

La primera batalla con los indios Caribes fue recia y rara para Ponce de León. Éstos indígenas de las contiguas islas, eran salvajes muy aguerridos, pero sus arcos y flechas sin embargo, no eran capaces de detener el adiestrado ejército que contaba con armas superiores, vestimentas de las cuales rebotaban las flechas, caballos y enormes perros que los desgarraban horrorosamente. Tras derrotarlos, poco tiempo después, volvieron donde Colón con cien prisioneros que inmediatamente fueron esclavizados por el Almirante. Los meses pasaron y De León estudiaba disimuladamente el comportamiento de Cristóbal Colón y sus hermanos Bartolomé y Diego.

Colón había decidido establecer la Villa de Isabela, y la construcción de la misma iba en progreso. El buen juicio de los tres hermanos y la de la mayoría de españoles, parecía deteriorarse ante la formidable empresa. La idea de tener esclavos a su merced, los hacía sentirse poderosos. La compasión al parecer se esfumó de sus almas y fue reemplazada por la avaricia y el barbarismo.

La Corona les cedía a los españoles los terrenos, si estos eran cultivados y usados para el sustento en general. Colón por su parte les facilitaba la ayuda necesaria, en forma de esclavos para las tareas rudas.

Los esclavos Caribes que habían capturado, ya no eran suficientes, y los españoles comenzaron a empujar a los taínos a los campos y a las minas. Los hacían pagar cuotas que consistían en trabajo por comida. Los taínos no estaban acostumbrados a trabajar tan rudamente, y a veces no terminaban con la labor asignada. Bajo órdenes del mismo Colón, se les azotaba en público frente a su propia gente. Si la ofensa era más grave, se le amputaban las manos brutalmente.

El Almirante y Virrey, gobernaba la colonización con mano de hierro. Su propia gente se quejaba de su tiranía. Los enviaba a la cárcel por leves infracciones, y a veces hasta sin juicio alguno. Muchos abandonaron el campamento y se adentraron en la sierra, apoderándose de los terrenos mejores. Siguiendo la ideología de Colón, capturaban indios para los trabajos y raptaban las hembras y las hacían sus concubinas.

La búsqueda de oro era prioridad, y las minas se convirtieron en un infierno para los desgraciados taínos. Los españoles eran considerados dioses todopoderosos y los taínos ya habían atestiguado su gran superioridad. No podían matarlos y, si morían, resucitarían y cobrarían venganza. Los malvados mayordomos a cargo de las fincas, se ensañaban con su vulnerabilidad y su miedo y los trataban de forma infrahumana. Cuando algunos tainos encontraban el valor, se escapaban y luego atacaban a los españoles en ataques de guerrilla sorpresivos.

El mismo Juan Ponce de León, muchas veces se vio obligado a perseguirlos y a suprimir sus ataques con los demás soldados. Era en esas ocasiones que De León odiaba su posición militar. En el pasado, pelear con Moros era muy distinto. Ellos también eran guerreros adiestrados y bien armados. Los taínos por otro lado, peleaban desnudos. Ni siquiera un escudo los protegía. Las largas y filosas espadas los traspasaban sin encontrar resistencia. Peleaban fieramente, pero sus primitivas armas no tenían efecto en las aceradas vestimentas del enemigo. Era horripilante cuando los enormes y adiestrados perros los perseguían. Usualmente, los perros atacaban gente con ropa que los protegía un tanto, cuando ellos se aferraban a ésta . Los indios sin embargo, en su desnudez, eran completamente vulnerables. Los perros, con su instinto primitivo, atacaban primero sus partes genitales para derribarlos y comer de ellos. En muchas ocasiones, Ponce de León prefirió concienzudamente matarlos en batalla. Esto era más piadoso que traerlos vivos donde Colón, o sus hermanos, que para dar un ejemplo, y aplacar la rebelión, se ensañaban con ellos. Aunque usualmente no participaban, ordenaban a los sanguinarios generales, y ellos cometían atrocidades a su antojo, frente a toda la aldea.

Allí los ahorcaban en grupos, o los quemaban vivos. Era común dejar los perros sin comida para que saciaran su hambre con el cuerpo de un indio vivo. También descuartizaban los niños frente de sus padres, y se los servían a los hambrientos perros. El anonadado guerrillero sabía que era inútil resistirse a ellos. Evitaba adrede el contacto con los hermanos o sus soldados, para que la inminente historia venidera, no lo inmiscuyera.

Los jesuitas indignados por el mal trato hacia los indios, comenzaron a quejarse y, a escondidas, enviaban reportes a los Reyes. Tratando de proteger a los taínos, los adoctrinaban y los convertían al cristianismo para que no fueran esclavizados. Colón, protegiendo sus intereses en las minas, prohibió los bautizos para tener libre acceso a la mano de obra.

Con el correr del tiempo, Cristóbal Colón, quizá agobiado por la situación en La Española, decidió izar velas otra vez. Navegó en busca de nuevas tierras, que complacerían a la reina, y así ella recuperaría su fe y confianza. Juan Ponce vio la oportunidad, y le pidió a Colón que lo llevase con él, pero el Almirante le pidió que se quedara en la isla para ayudar a proteger los colonos. Su contribución en aplacar los indios era conocida y muy necesaria. Juan Ponce de León era un soldado y, como tal, no podía negarse a las órdenes de Colón, que como Almirante, tenía autoridad ilimitada sobre todas las fuerzas de tierra y mar.

Un año después en el 1499, Colón regresó a la Española. En el corto tiempo de su tercer viaje, había hecho una serie de descubrimientos tan importantes como en los primeros. Su fama y su prominencia crecían, pero ya era tarde para aquel genio marino. Obviamente, estando en el mar era brillante y usaba al máximo, todos aquellos dones que Dios le otorgó. Sin embargo, en cosas de tierra firme, perdía el control. Su mente se desviaba y lo convertía en un ser común, de ríspida disposición.

A su retorno a la Isabela, la encontró en ruinas y casi abandonada. Marchó a la nueva villa, llamada Santo Domingo. Enterado ya de las pesquisas y del posible riesgo que enfrentaría, se dedicó de lleno a reclutar aliados para su defensa.

Muchos colonos se negaron a escucharlo cuando él trataba de recabar su apoyo. Él les prometía que la situación mejoraría y que inclusive los indios recibirían pago y no serían más esclavizados. Sin embargo, su volubilidad había llegado a oídos de la Reina Isabel, quien en un tiempo fue su mejor aliada. Entre colonos y jesuitas, hubo un conciliábulo, Cartas detalladas y quizá exageradas, habían llegado a España, a los Reyes y a la Iglesia.

Ponce de León, tenía el presentimiento que la situación no tardaría en cambiar y esperaba pacientemente a que se presentara una oportunidad adecuada para salir de aquel tortuoso ambiente.

Ponce de León, nunca olvidaría aquel caluroso 23 de agosto del año 1500, cuando dos naos entraron a la bahía de la Isabela. De uno de ellos, emergió Don Francisco Bobadilla, con un grupo de soldados, y resueltamente enfrentó a Colón. Los reyes, que habían tomado una difícil decisión, le habían encomendado reemplazar a Colón como gobernador.

Sin preámbulos, le leyó el decreto que lo autorizaba a arrestar y a enviar a España a Don Cristóbal Colón, Gobernador, Almirante y Virrey. Colón desesperadamente miraba a su alrededor buscando algún apoyo, pero fue en vano. Nadie salió en su defensa. Tras de un breve juicio, donde solo fueron entrevistaron los peores enemigos del Almirante, se determinó su culpabilidad.

Con gran tristeza, vió Ponce de León, cuando aquel heroico personaje iba caminando pesadamente y cabizbajo. Atado su cuerpo con grilletes y cadenas, y completamente humillado, caminó bajo algunas miradas conmovidas, pero sintiendo las frías puñaladas de la mayoría que lo repudiaba.

Juan Ponce de león ponderaba y era incapaz de descifrar aquel monumental misterio. Cómo un hombre de tan brillante inteligencia, logró caer tan bajo en tan corto tiempo. Su hazaña lo había hecho inmortal. Reconocido ya por los historiadores y puesto en el pedestal donde posaban Alejandro el Grande, Carlomagno y Marco Polo. Fue un Dios que se elevó hacia lo más alto y al encontrarse en el zénit, dio un salto suicida al negro vacío.

Se podría culpar a la avaricia por el oro y la fama, pero ya él tenía riquezas aseguradas por la Corona. También era prominente y poseía grandes títulos como Almirante de Alta Mar, Gobernador y Virrey; y su potencial solo comenzaba.

Sus hermanos, Diego y Bartolomé, también fueron apresados y encadenados. Cuando marchaban hacia los dos navíos que zarpaban para España, Colón les decía en voz alta que no se dejaran quitar los grilletes, hasta que la Reina los viera en persona.

Francisco de Bobadilla, inmediatamente tomó posesión de la gobernación de la Isla.

No tardó mucho Ponce de León en cerciorarse del gran plan que Bobadilla traía entre manos, y que más tarde, demostraría que como gobernador y como persona, era mucho peor que Colón en su avaricia. Aprovechándose de su gran autoridad, se apoderaba de las tierras y se las vendía a sus amigos y familiares. La situación en la isla no mejoró, y tal como Cristóbal colón, Bobadilla fue también destituido dos años después de su llegada.

Juan Ponce de León se hallaba deprimido. Comenzaba a perder las esperanzas de salir de aquella estadía que ya lo sofocaba. Ya temía que nunca tendría la oportunidad de buscar por sí mismo su anhelada fuente de la juventud. Todos los días venía a la playa y escudriñaba el infinito por horas, buscando en vano en lontananza, un alivio a su decaído estado de ánimo. Una despejada mañana, se encontraba en su forma usual, de cuclillas y recostado bajo una de las palmeras que allí abundaban. De momento, quedó de pie como por resorte. Creyó ver en la azulada distancia, unos puntos casi imperceptibles. Como una estatua permaneció por largo tiempo tratando de penetrar la distancia con su mirada de lince. Más de una hora transcurrió, y aún los puntos eran indefinibles, pero ya estaba seguro de que su mirada no le mentía. Eran muchos. Más de lo que él podía contar en la distancia. Su corazón palpitaba de la emoción cuando al fin pudo descifrar el misterio. Aquello era una flota, una enorme flota. Las velas blancas comenzaron a coger forma y ya semejaban una bandada de gaviotas que muy lentamente se aproximaba a la costa. Las voces a su alrededor lo sacaron del éxtasis. Ya muchos habían visto la distante miríada blanca, y una curiosa multitud se aglomeró tumultuosa. Pasaron varias horas, y ya era evidente que la flota más grande que nadie había visto (incluyendo a Ponce de León) llegaba al Nuevo Mundo. Eran 32 navíos, entre naos y carabelas. La bahía se cubrió de blanco, como de emoción se cubrió el alma de aquel soldado y temible guerrero.

Al mando de la flota, venía don Nicolás de Ovando. Un gran señor, honorable y de gran respeto en la corte de los Reyes de España, y que sería el nuevo gobernador y administrador de la Española.

No tardó Ponce de León en conocerlo y formar gran amistad con él. Cuando lo creyó oportuno, le pidió permiso para volver a España. Desgraciadamente, ya Obando sabía que muchos caciques de La Española, estaban revueltos y en pie de guerra, amenazando con liberarse de todos los españoles. El nuevo gobernador tenía como prioridad someter a los taínos a como diera lugar, para terminar la amenaza a sus colonos.

Obando le pidió personalmente a De León, que le ayudara a combatir la rebelión, y una vez más; este se vio envuelto en una batalla cruenta con los indios. Como era de esperarse, los indefensos taínos fueron vencidos por el superior ejército de la Corona. Cuando todo estuvo pacificado, Obando premió a De León por su gran servicio, con una grata sorpresa.

Con el consentimiento de La Corona, le otorgó oficialmente la colonización y la eventual gobernación de la isla de Borikén. De León aceptó felizmente, viendo el fin de aquella tortuosa y larga estadía. Inmediatamente, comenzó sus planes para viajar a España y traer con él a su familia. Ahora De León estaba feliz y puso todas sus tribulaciones como parte del pasado. En cuanto el primer barco zarpara para España, ahí estaría él, libre y ansioso. Sin embargo las congojas del noble español, no terminarían allí.

La mayoría de la gran flotilla de Obando, había partido, pero Ponce De León prefirió esperar. Parte de su decisión, fue el hecho de que en aquella flotilla iba preso, con rumbo hacia España, el ex gobernador Bobadilla.

Juan Ponce de León no quiso asociarse con aquel viaje por su aversión a Bobadilla. Aquella decisión salvó su vida.

Días después, que las naves zarparan, el huracán más grande que los españoles habían enfrentado en el Nuevo Mundo, tocó tierra en La Española, no sin antes arrasar la flotilla entera que ya se hallaba en alta mar. Uno de los fenecidos fue Francisco Hernández de Bobadilla. La terrible tempestad, también destruyó la Villa de Santo Domingo. Solamente las casonas bien construidas con cimientos de piedra y vigas de madera noble, resistieron los horrendos vientos.

Ponce de León sobrevivió el huracán gracias a la ayuda de otro español llamado Juan González, que había convivido con los taínos, aprendiendo su lenguaje y sus costumbres. Los indios conocían la furia del gran Juracán, el Dios de los vientos, y se dispersaron en la sierra, buscando refugio. Juan González supo por ellos, de unas enormes cavernas donde se refugiaban, y así se lo hizo saber a Juan Ponce de León. El español no perdió tiempo, y con un grupo de soldados, y el mismo Juan González, se apoderó de una, y allí se salvaron del infortunio. Agradecido, Ponce de León le prometió a Juan González que lo llevaría con él, a la isla de San Juan Bautista.

Diego Salcedo sale de España

Diego Salcedo caminaba malhumorado, seguido de su mejor amigo y compañero de aventuras y andanzas, Florencio De la Paz. Aquel viaje de Málaga a Palos les tomaría más de una semana caminando de día y parte de la noche. Solo se detenían para descansar un poco, o para robar algún pan o vino que los sostuviera.

El resistero de aquel cielo sin nubes, había espantado la brisa y hacía que los distantes techos blancuzcos de las aldeas que pasaban, se notaran como ondeando y derritiéndose bajo el efecto que producía el intenso calor en la vasta llanura española. El inmenso astro dorado al parecer se molestaba con las maldiciones que le echaban y, mientras más los caminantes refunfuñaban, más los hostigaba.

-"¿Cuándo llegaremos, Diego?" le preguntó Florencio por tercera vez en aquel día.

Diego se volvió hacia él, airado.

-"¡Joder!, te dije hace una hora que cuando veamos la costa. ¿Acaso ves agua por aquí?" decía Diego, hablando en voz clara y lenta para que su lerdo amigo entendiera. Además, le gesticulaba con los brazos, señalando un cuerpo de mar que no existía.

Florencio De la Paz estaba muy cansado como para discutir. Además, sabía de la terquedad de su amigo, y de su mal genio. Pero no dejaba de pensar en lo estúpido que había sido, al dejarse convencer de seguirlo a Palos, sin saber siquiera qué tiempo les tomaría llegar. Solamente la promesa de que al fin vería a una mujer desnuda, lo había convencido de seguirlo a aquellas islas donde según Diego, todo el mundo andaba sin ropa. Aún el miedo de ser asado vivo y devorado por los Caribes, no mermaba el deseo de mirar una mujer enseñando todo lo que Dios le dio, y que él jamás había visto.

Ambos traían su propia bota de vino, pero ya estaban casi vacías; y eso era un grave problema, ya que el pan que compartían había sido consumido cuatro horas atrás.

-"En la próxima aldea nos abasteceremos y descansaremos", dijo Diego. Comprendía que su amigo se estaba agotando, y todavía faltaba mucho para la noche amiga y cómplice. Para reanimarlo, volvió a repetirle el gran plan que había elaborado.

-"Cuando lleguemos a Palos, nos enlistamos como soldados y nos uniremos al grupo que irá para cualesquiera de las islas que descubrió Colón".

-"¿Y por qué tenemos que ir de soldados? ¿Y por qué no nos unimos al señor Colón que es el dueño de todo aquello?" preguntó Florencio por segunda vez.

-"Ya te lo he repetido tantas veces, Florencio. ¡No seas tan bruto!" recalcó Diego otra vez, airado por la lentitud cerebral de su compañero. Pero también comprendía que su estrábico amigo, además de ágrafo era también muy lerdo y era él, quien tenía el intelecto y se sentía obligado compartir su vasto conocimiento, aunque entrara en oídos sordos. Con la convicción del que cree que se lo sabe todo, Diego Salcedo convencía a su amigo, llenándole la mente con las ideas que bailaban erráticamente en su propia cabeza.

-"Colón no es dueño todavía" le dijo convincentemente. "Por ahora todo es de la corte, pero si encuentra oro se lo comprará todo a la reina. Si vamos con él, como simples labriegos, habrá que trabajar muy duro, y eso es ya negativo para nosotros" decía Diego, mientras caminaba lentamente y todavía gesticulando con ambas manos con emotivo visaje para que Florencio asimilara esta vez su argumento. Prosiguió: "Además de trabajar como burros, también supe que no ganaremos nada, pues solo pagarán un diez por ciento de lo que produces. Eso es si te matas trabajando en la agricultura, y qué carajo vamos nosotros a producir cuando no sabemos nada de eso."

Florencio pensó por un momento. Su amigo tenía razón. Ellos de labriegos no tenían nada. Sus miserables vidas consistían en robar, mendigar y asaltar a los viajantes para quitarles lo que cargaran. De momento se paró en seco y volviéndose a Diego, le preguntó enfáticamente mientras lo sujetaba por la camisa que estaba húmeda del sudor.

-"¡Joder ¡ ¿Y qué sabemos nosotros de soldados?"

Diego también se detuvo y, conteniendo la ira, le volvió a explicar:

-"¡Que ya te dije que todo eso lo tengo averiguado. En toda España solo de eso se habla. No necesitas gran experiencia para ser soldado. Solo que seas joven y fuerte. Si te enlistas de voluntario, te aceptarán sin reparos. Hay muchos rangos y el de nosotros será como simples ayudantes, pero aún como ayudantes, recibiremos un salario fijo además de cuarto y comida y hasta uniforme."

-"¿Y nos darán un casco y un arcabuz?" preguntó Florencio, repentinamente entusiasmado.

Diego mostró una mueca de preocupación mientras le contestaba:

-"¡Que no sé si te darán un arcabuz, porque tu capitán no sabrá si lo miras a él o a los indios, cuando dispares! "

Diego no pudo contener la risa al ver la cara de perplejidad de su amigo, que no entendía del todo lo que le quería decir.

Un tanto más calmado, Florencio prosiguió su marcha y ahora con la mente más despejada volvía a pensar con detenimiento, cómo se vería una mujer desnuda.

De los dos caminantes, solo Diego Salcedo cargaba con una pequeña mochila en el hombro, con algunas pertenencias. Una frazada de piel de chivo, para las noches frías. Un cuchillo pequeño, su piedra de amolar, sal y algunas especias para sazonar lo que pudieran robar y cocinar.

Colgado en su cintura, llevaba un pavoroso cuchillo curveado y filoso de origen morisco. Sonreía al pensar que aquel cuchillo adorado por los moros, infundía el terror cuando se lo colocaba a una víctima en la garganta, en una callejuela oscura o a campo raso. Nunca se rehusaban a entregarle lo que trajeran. Palpó la mochila para cerciorarse de que su más preciada posesión estaba allí, segura. De repente, fijando su vista en el horizonte, los dos hombres comenzaron a brincar y a gritar de júbilo.

-"¡La costa, la costa!"

A lo lejos, se divisaba la línea azul del mar Océano y la gran bahía del puerto de Palos. Todavía tendrían que caminar por muchos kilómetros, pero aquella hermosa visión reavivó sus ánimos y casi corrían alegres, como lo hacían en los buenos tiempos cuando lograban un buen robo a los odiados moros o judíos. Era ya el atardecer. El sol, cansado ya de hostigar la extensa llanura, se retiraba en el occidente, arropándose con unas tenues nubes que merodeaban por allá lejos, donde la mar y el cielo se juntan para besarse.

La brisa, recelosa y tímida, comenzó a soplar levemente; trayéndoles alivio a los dos caminantes que agradecidos, la acogían de lleno en sus pulmones. A lo lejos divisaron una aldea, e instintivamente redujeron su paso para dejar que la noche cayera antes de aventurarse en territorio desconocido. Su plan era simple. En la oscuridad buscarían, evitando ser descubiertos, hasta encontrar algo de comer y beber. Lo robarían y seguirían su camino tranquilos sin hacerle daño a nadie. Así lo habían hecho incontables veces. Se acercaron lo suficiente, pero todavía era muy temprano y decidieron esperar. Se sentaron bajo la sombra de una gigantesca encina, a la vera del polvoriento camino, para tomar un merecido descanso.

Diego puso la mochila a su lado, mirándola celosamente. En cuanto se sentaron, Florencio, como de costumbre, le pidió a su amigo que le dijera unos versos, o que le leyera de aquel pequeño libro. A pesar de su cansancio, Diego no objetó. Hacer versos era el único verdadero talento bueno que tenía; además de ser un eficaz ladrón y bandido sin conciencia. Le enorgullecía que su amigo le pidiera que recitara. El pobre Florencio, que además de ser bizco, era un ágrafo inepto, apreciaba su poesía. Él, a su vez, se complacía con la escasa audiencia.

Diego no había leído muchos libros, pero uno en particular lo cautivaba desde que lo robó de la residencia de un rico mercader, y ahora lo cargaba celosamente en su mochila. Sabía que aquel libro era valioso porque, además de ser muy antiguo, los nobles españoles y franceses, lo leían en ambas lenguas. Ahora era él, un orgulloso propietario de "La canción de Roldán", el épico poema sobre Carlomagno y los doce pares de Francia.

-"Bueno", dijo Salcedo fingiendo molestia, pero ansioso de que su amigo oyera lo que había compuesto.

-"Te diré unos versos, pero ya no me preguntes más".

-"¡Muy bien, muy bien!" dijo Florencio frotándose las manos con emoción.

- "Dice así", dijo Diego, mientras subía su embotada pierna a una de las gruesas raíces del árbol, asumiendo el porte del tildado orador, que a veces observaba en las plazas de muchas villas.

Roldán de Francia salió
Combatiendo el feroz moro;
Canelón por venganza y oro
Como un Judas lo vendió;
Aquí en España murió
Con Oliveros, su hermano
Y aquel defensor cristiano
Con su sangre nos bañó.

Los doce pares tan fieros
Temidos por sus mandobles
Eran los hombres más nobles
Y valientes caballeros.
Roldán y el Conde Oliveros
Como hermanos se querían
Y así juntos morirían
Luchando los dos guerreros.

Carlomagno, a su vez,
Junto a ellos batallaba
Pero esa vez los enviaba
Lejos del suelo francés

Roldán, ya sin timidez,
Arrogante y sin histeria
No reconoció la seria
Traición de aquel tío malvado
Y en las montañas de Iberia.
Murió al ser emboscado.

Más tarde, y casi ya oscuro, Florencio se subió al enorme árbol. Desde allí oteaba y escudriñaba toda la pequeña aldea y sus puntos débiles, donde podrían entrar y salir de prisa si fuese necesario. Diego entretanto, se sentó al tronco del árbol y descansaba tranquilamente. Esa era la norma. Él era el pensador y Florencio hacia todo lo trabajoso. Pasados unos minutos, Diego se quedó dormido por el cansancio, acariciado por la brisa y el murmullo de las ramas.

Arriba en el árbol la situación era la misma. Florencio se había sentado cómodamente en una gruesa rama en lo alto, desde donde veía la aldea con facilidad. Allí esperaba a que se tornara más oscuro para ir al punto que ya había divisado desde la considerable altura. Al igual que su compañero, el cansancio, la suave brisa que hacía que las ramas lo arrullaran tiernamente, y con el vaivén del árbol, Florencio se quedó completamente dormido. Olvidándose por completo de que estaba en un alto árbol, se quiso virar y cambiar de posición. En esos momentos, soñaba que estaba volando sobre todo Cádiz y que en pleno vuelo alguien lo atacó a garrotazos. Despertó bruscamente y para su sorpresa, era realidad que estaba volando y los garrotazos, eran las ramas que encontraba a su paso en su rápido y doloroso descenso. Ya la luna había salido; y desde cielo contemplaba la rara escena.

Diego, que dormía plácidamente, despertó sobresaltado cuando escuchó horrendos gritos. Por unos momentos, olvidó que su amigo estaba en el árbol, ya que había transcurrido más de una hora. Quedó paralizado de terror cuando reconoció la voz de Florencio y no lo veía. Fue peor cuando vio su silueta en contra de la luz de la luna, que surcaba el aire cuando la última rama que tocó, lo catapultó unos metros frente a él, donde aterrizó de bruces dando alaridos.

Todavía Diego no asimilaba lo sucedido, pero la voz de Florencio lo sacó del susto y corrió hacia él, temiéndose lo peor.

-"¡Hostia, Diego; estoy muy golpeado" dijo Florencio con extremo dramatismo. Fue entonces que Diego comenzó a reír descontroladamente. El ataque de risa fue tan severo que sin poderlo evitar, se arrastraba por la grama reseca. Se paraba y volvía a caer junto a Florencio; convulsionándose y sin poder parar. Un terrible puñetazo en la frente lo calmó. Pero al ver otro manotazo que venía, lo paró en seco y saltó como una liebre fuera del alcance de su amigo, que se había repuesto lo suficiente para tratar de correr detrás de él y, si pudiera, asesinarlo brutalmente.

En eso, Florencio miró hacia arriba y al reconstruir su propia caída, fue el quien sufrió un ataque de risa, peor aún que el de su amigo.

-"¡Joder! No me hagas reír, que me duelen las costillas" decía Florencio, mientras se agarraba el abdomen con ambas manos. Más de media hora estuvieron allí, recontando y riéndose como nunca lo habían hecho.

Ya entrada la noche y todavía sufriendo de la caída, Florencio le explicaba de su aéreo reconocimiento a Diego, que lo escuchaba atentamente. Rodearon la pequeña aldea sin ser vistos y ya en las afueras, Diego posicionó a su amigo en un lugar cómodo a la vera del camino. Colocó su preciada mochila a su lado, advirtiéndole enfáticamente que si la perdía, en vez de ensalmarlo, le rompería los huesos que le quedaban sanos.

La clara luz de la luna, le hizo fácil encontrar el lugar descrito, con la facilidad de alguien que ya era diestro en esos menesteres. Diego llegó al establo del que se le había informado y, asumiendo la posición y la cautela del gato montés, se movía libremente sin perturbar siquiera a las cabras. Primero, agarró del queso de cabra que colgaba escurriéndose en una viga. Después, comenzó la búsqueda de algún vino. Encontró las botas de cuero, pero estaban vacías. Pero dedujo que si había cueros, el vino estaría cerca. Así fue. Un viejo barril de vino sobre un estante, tenía el olor peculiar del viejo y ansiado vino tinto. Su boca se le hacía agua. Sin remordimiento alguno, llenó las dos botas de cuero y se las echó al hombro, no sin antes refrescar su sed. Con gran destreza, tomó una de ellas, extendiendo su brazo hacia arriba y apretando la bota que expulsaba el vino en un fino chorro que él tomaba en su boca sin perder una preciada gota. Luego comenzó a buscar alguna gallina o cualquier ave que sirviera de cena.

No tardó una hora y ya estaba de regreso al lado de Florencio, que otra vez dormía. Hizo un fuego y quemó las plumas de una joven gansa que había encontrado y matado allá mismo sin siquiera un leve ruido. Con su filoso cuchillo, la descuartizó y procedió a asarla en las brasas. Dejó que su amigo durmiera y él continuó comiendo del queso de cabra y bebiendo del vino, mientras atendía la olorosa gansa que ya estaba casi lista. Media hora después, con un humeante trozo del ave asada y una bota de vino, se dirigió a su amigo, llamándolo mientras caminaba hacia él, para que despertara y comiera.

Florencio aún estaba en su profundo sueño cuando Diego llegó a su lado y lo movió con el pie, pero su amigo no despertaba. Esto irritó a Diego, quien, poniendo el vino y la carne en el suelo, se hincó junto a él y lo movió bruscamente; pero Florencio permanecía inmóvil.

-"¡Ah, no te hagas el gilipollas; que ya sé que me las estás cobrando por reírme de ti! ¡Anda, levántate y come! ¡Joder!"

Al ver que su compañero no reaccionaba, comenzó a sacudirlo frenéticamente. Ya desesperado, gritaba su nombre.

-"¡Florencio, Florencio! ¿Qué te pasa, qué te pasa hombre? ¡Despierta ya, por favor!"

Diego puso su oído en la boca de su amigo, y casi se desmaya cuando no percibió su respiración. Lo tocaba por todo el cuerpo, buscando alguna herida sangrienta; pero no encontraba nada. Conmovida esta vez, la luna se hizo más clara para ayudarlo. Fue entonces que abrió su camisa y dio un salto hacia atrás, horrorizado. Todo el torso de su amigo estaba de color púrpura. Evidentemente, la caída había sido peor de lo que él creía y Florencio estuvo dispuesto a reconocer. Las ramas y los golpes severos, le habían causado una severa hemorragia interna; haciendo que sus pulmones se inundaran y causándole la muerte.

Diego Salcedo era un hombre sin escrúpulos, decidido y valiente; por lo menos hasta aquella noche. Al ver su querido amigo sin vida, rodeado de la desolación y la oscuridad del paraje, toda su valentía se esfumó. No podía quedarse allí, con un cadáver como compañero. Agarró una de las botas de vino y un pedazo del ave y comenzó a correr, en una carrera desenfrenada impulsada por el pánico. Su mochila y su preciado libro quedaron olvidados, al lado del exánime cuerpo.

Cuando el sol salió esa mañana, lo primero que vio en la árida llanura andaluza fue un hombre solo, corriendo despavorido hacia la bahía de Palos. Cuando las sombras se disiparon, Diego disminuyó su paso. Ya su corazón iba a explotar, pero en la oscuridad, hubiera jurado que Florencio lo seguía; por lo que corría y corría sin atreverse a parar, suplicando que el sol saliera y acabara con aquella maldita oscuridad que lo aterraba. En algún sitio, kilómetros atrás se le había caído el vino y la carne que traía. Supo dónde fue, pero ni siquiera intentó disminuir su paso para recoger su preciada carga, pues pensaba que iba a ver a su amigo, con la piel ennegrecida, estirando sus brazos para agarrarlo. La luz del día lo calmó y Diego redujo la velocidad. Ahora, caminando más tranquilamente, buscaba un sitio apropiado para descansar su cuerpo exhausto, a la orilla del camino.

Ya se disponía a sentarse bajo un árbol, cuando miró a la distancia. Allí, frente a él, iluminado por el sol naciente, estaba el Puerto de Palos; a corta distancia y repleto de carabelas y toda clase de naos que iban y venían en la inmensa bahía. Fue la vista más hermosa que sus ojos habían contemplado jamás. Nunca antes había estado frente al mar, ni jamás había visto tanta agua, excepto en aquellos sueños que siempre tenía y a los que ahora le hallaba explicación. Los sueños con agua eran solo un augurio de aquel viaje en el océano. Desapareció por completo todo su cansancio, su terror y la misma memoria del espantoso suceso de la noche anterior. La euforia le brindó nuevas energías y hasta una alegría inmensa. De nuevo comenzó a correr, pero esta vez corría como el campeón de una gran carrera que veía su meta y arremetía con ímpetu para traspasarla triunfalmente.

Momentos después, se vio rodeado de gente de todas las calañas que pululaban el puerto como un hato humano. Nunca antes había estado rodeado de tal multitud, y se sintió feliz. Ya más relajado, se percató de su hambre y sed, y lo primero que pensó, instintivamente, fue tomar oportunidad de aquel tesoro moviente.

No había pasado media hora, y ya estaba sentado bajo un árbol un poco alejado de la multitud, vaciando sus bolsillos, que estaban repletos de pan, queso y hasta dulces; además de algunas monedas. De su hombro colgaba una curtida bota de cuero, llena de vino tinto. Devoró el mejor festín de su vida, y muy satisfecho y relajado, contemplaba la hermosa bahía.

No se preocupaba sobre cuándo saldría para las islas. Sabía que muchos barcos partirían en esa dirección. Además, tenía que pensar detenidamente si era conveniente para él, abandonar de inmediato aquella inagotable fuente de ingresos. Estaba muy ansioso por dormir, pero le parecía peligroso. Su experiencia le avisaba que no podía bajar la guardia, porque allí abundaban los bandoleros que, al igual que él, no vacilarían en asaltarlo y despojarlo de todo lo que traía.

Sin nada más que hacer y con tiempo de sobra, Diego se dedicó a pensar en su vida pasada y cómo terminaría aquella gran aventura. Por primera vez pensó en Florencio; pero en vez de pena, un resentimiento crecía en su pecho. En ese momento se percató de que su mochila y su atesorado libro quedaron con aquel estúpido que no sabía leer. La rabia lo consumía. Tanto que en su miserable vida lo había protegido y ahora, cuando más lo necesitaba, lo abandonó con la excusa de que estaba muerto. Aparte de eso, por su culpa perdió "La canción de Roldán", uno de los tesoros que más apreciaba en su vida.

Florencio nunca estuvo de acuerdo en viajar en barco, pero al final Diego lo había convencido y lo siguió como de costumbre como el perro que sigue a su amo. Ahora estaba muerto, liberándose así de la responsabilidad. Aun así, Diego Salcedo comenzó a pensar en las aventuras de años atrás cuando él y su amigo se dedicaban por completo a vivir una vida suave. Vivían de lo que le quitaban a los moros, cuando los asaltaban a punta de cuchillo. Lo hacían sin escrúpulos, porque cada vez que cargaban con el botín se sentía vindicados por los trastornos que aquellos invasores habían causado en su patria por tantos siglos. Había muchos moros ricos y poderosos que ellos no podían tocar. Como en todas las sociedades, también existían los de la clase baja que vivían robándose los unos a los otros. Por lo tanto, era perdonado por Dios (según la doctrina de Diego Salcedo) que se viviera de ellos.

En aquel entonces la vida, era si no buena, por lo menos era más pasable. Pero como pasa siempre, los ideales de algunos, es una maldición para otros. Cuando los truhanes se hallaban más acomodados viviendo de los moros, estos fueron expulsados de España dejándolos a ellos dos, careciendo de lo necesario para el diario vivir.

Valladolid, España, 1505

En El Palacio Real, la música de la orquesta resonaba en todo el ámbito del salón más amplio, con mejor acústica y elegante. Los personajes más selectos de la noble alcurnia española, se congregaban allí. Nadie quería pasar inadvertido. Ostentaban, con su presencia, el orgullo de haber sido invitados por los Reyes.. Aunque la Reina Isabel ya había fallecido, su hija, Juana de castilla compartía el mismo ideal, y el Reino Español aún estaba de fiesta. La euforia de haber expulsado los moros y de haber descubierto un nuevo mundo, se manifestaba en aquellas extravagantes galas con las que celebraban fastuosamente los históricos acontecimientos, aún años después. .

Las parejas bailaban lenta y elegantemente, como hipnotizadas por la cadenciosa música que emanaba de la Orquesta Real. Las damas lucían sus mejores galas y exhibían con gracia las últimas modas de Francia y de Inglaterra. La extravagancia era obvia en los atuendos glamorosos de coloridas sayas de terciopelo y lienzo exportado de Damasco. Los ceñidos jubones hacían la figura femenina quizás más esbelta de lo que en realidad era. Los finos chapines de cuero blando y pulido, salían a la vista cuando las damas caminaban por el real salón, levantando sus trajes finamente con ambas manos, solo unas pulgadas para mostrar su fino calzado. Las joyas, el maquillaje y los exuberantes peinados, complementaban la delicada belleza femenina, que para todas, era más que esencial, para aquella ocasión, donde la nueva Reina, quizás se rozaría con ellas.

A los caballeros, al mismo tiempo, no les podían faltar sus finas cueras y calzas, ni las blancas lechuguillas o las gorgueras que les daba un porte erecto y varonil.

En aquel elegante baile de moda, como lo dictaba la regla, los caballeros intercambiaban damas a cada momento determinado. Al llegar frente a ella, ofrecían su respeto, inclinándose armoniosamente con su mano izquierda a su cintura mientras la derecha se extendía hacia el frente, aceptando con delicadeza la mano blanca y perfumada que aceptaba la suya. La atraía entre sus brazos y al compás de los violines, las esbeltas figuras danzaban entrelazadas, deslizándose con gracia y donaire sobre los pulidos pisos de mármol.

De los caballeros que allí abundaban, un mozo alto y de porte varonil, se distinguía entre los demás por su alta estatura y su rostro de líneas impecables. Su espesa barba negra era corta y bien acicalada. Su nombre era Don Cristóbal de Sotomayor. De sangre noble. Hijo de los condes de Camiña y un favorito de los Reyes. Las damas de la corte se desvivían por su atención y no ocultaban el placer en el maquillado rostro cuando les llegaba el turno de bailar con el gallardo hidalgo. No solo era un buen bailarín y bien parecido, sino que también transmitía confianza y finura. Su compostura era agradable, dulce y llena de sinceridad.

Cuando la pieza musical terminaba, él se movía por el salón a veces haciendo caso omiso a las jovenzuelas que lo querían acorralar, y entonces se dirigía a las damas de más edad, ofreciéndole sinceros elogios y piropos que las derretían. Se movía con la arrogancia digna del genuino caballero español, erguido con su regio mentón en alto. Este altivo ademán, se había engendrado en los españoles siglos atrás, cuando los ancestros se cruzaban con los moros en las calles y los caminos, y airados, trataban de emitir un mensaje de desdén, alzando la cabeza en forma altanera y desafiante.

Sotomayor había vivido mucho tiempo en Inglaterra en el palacio de Gales, donde sirvió de paje durante su adolescencia. Este privilegio era otorgado solamente a los barones de sangre noble. Allí se educó y adquirió los finos modales que se requerían en la corte. Aunque nunca tomó parte en los frentes de batalla, fue adiestrado en la lucha por los soldados del palacio y había ganado fama por su destreza como espadachín.

Aquel día era muy especial para él. Primero: la Reina lo había invitado. Segundo: allí conocería al gran Juan Ponce de León, su héroe español favorito. Por años deseaba conocerlo. Su carrera militar era muy conocida. Había combatido en múltiples batallas, casi todas en tierras extranjeras. Pero fue la última, la batalla de Granada, en la propia España, en la que demostró con creces, su destreza y valentía, que ya por cierto era legendaria. Conocerlo sería un gran honor, pero era extraordinario que además de verlo, también en un cercano futuro, le tocaría viajar con él al nuevo mundo.

Desde que fue informado por la corte, era un manojo de nervios. La ansiedad lo hacía sentir nervioso e inadecuado, Se sentía cohibido con la grandeza de Ponce de León, quien no parecía un hombre mortal. Era ya una leyenda destinada a la posteridad. Ahora tenía que conversar con él acerca del viaje, y debía brindar una buena impresión. ¿Y cómo hablarle e imprecionar a una leyenda viviente?

Salió al inmenso pasillo contiguo al salón. Tenía que despejar sus pensamientos. Desesperadamente ponía en orden su cerebro con los fantásticos hechos relacionados con don Cristóbal Colón y sus viajes al nuevo mundo. Ya centrado y más calmado, volvió a hacer gala de su noble compostura y con su habitual confianza, acomodó su hombro en uno de los majestuosos pilares de mármol blanco importado de Carrara, Italia. Cómodamente posicionado, contemplaba la miríada humana en aquel salón de gala. Desde aquella distancia, aquel torrente de voces diluidas entre sí, semejaban un descomunal enjambre que se vino a posar en el majestuoso recinto.

Desde aquella estratégica posición, también dominaba la entrada y salida de los invitados. Era su intención divisar a Ponce de León antes de que él lo notara. Tan absorto estaba en esta tarea, que se sobresaltó notablemente cuando un breve toque en su hombro, lo hizo girar en redondo para ver a pulgadas de su propio rostro, la cara sonriente de Ponce de León. Si Dios lo hubiese escuchado en ese preciso instante, la tierra se lo tragaría allí mismo; librándolo de la embarazosa situación.

Para su sorpresa y tranquilidad, Ponce de León le ofreció su mano, disculpándose profusamente.

-"¿De dónde saliste? Yo te buscaba por allá." dijo Sotomayor más repuesto y señalando con su brazo extendido.

-"Ah, nunca trates de sorprender a un viejo león." dijo Ponce de León sonriendo.

-"Y ten presente que un buen militar cubre todos sus flancos".

Sotomayor, reconociendo lo tonto de su previo plan, se dedicó de lleno a saborear aquel tan anticipado encuentro. Extendió su diestra para recibir la mano que se le ofrecía amigablemente y mientras esto hacia, notó que Ponce de León era bajo de estatura, pero de cuerpo atlético y fornido. Su rostro traía ya las huellas de los elementos y las batallas a las que se habían expuesto. Su barba, aunque corta y bien tratada, anunciaba que ya el paso ineluctable del tiempo comenzaba a mostrar señales de un invierno venidero.

Al estrechar su mano, comprobó de inmediato que no se equivocaba. Aquella mano era como un garfio de hierro que al parecer intentaba hacer crujir la suya. El rostro de Sotomayor sin embargo, no ofreció señal de molestia. Recordó que estaba ante la presencia de un poderoso guerrero y que aquella misma mano esgrimía la legendaria espada de mil batallas y por eso ostentaba aquella fuerza brutal. Reciprocó el apretón de manos, poniendo su esfuerzo en transmitir su propia fortaleza en el varonil saludo.

Ponce de León, por su parte, estaba muy satisfecho de la primera impresión que de Sotomayor había recibido. Hacía más de una hora que él mismo esquivaba a las damas de la corte y los vanidosos caballeros que solo aspiraban a ser vistos hablando con tan distinguido invitado. Sus ojos y su concentración estaban fijos en aquel joven de fino ademán que se movía por el salón con gracia y soltura, pero al mismo tiempo desinteresado en la gran pompa que lo rodeaba.

Tenía que estar seguro de que los reyes no estaban equivocados al señalarlo como el mejor candidato para que lo secundara en su venidero cargo en la isla de San Juan Bautista. Según la nueva Reina, Cristóbal Sotomayor estaba dotado de compasión e inteligencia, rasgos muy necesarios para manejar la situación de los indios que allí habitaban; evitando así otro desastre como el de la Española. De León ya venía estudiando a Sotomayor de lejos sin ser visto y ya le reprochaba mentalmente, tener el atrevimiento de haber crecido cuatro pulgadas más que él. Pero era la juventud del noble caballero, y todo lo que viene con ella, lo que más admiraba. ¡Ah, si él fuera otra vez un mancebo!, pensaba Ponce de León.

Saboreaba la esperanza de que algún día encontrara la famosa fuente que retornaba la juventud, y de la que tanto había oído hablar en sus viajes. Entonces sería otra vez, así como Cristóbal Sotomayor, joven y buen mozo.

Ahora para la prueba final, Ponce de León apretaba aquella mano con fuerza para ver si notaba en el rostro de su interlocutor, el dolor que había visto antes en otros hombres que no lograban disimular el descontento. Sotomayor sin embargo, sonreía y su enorme mano dominaba, y casi hacía crujir la suya, por lo que se sintió como una de las damiselas de la corte. La prueba le resultó al revés de lo que esperaba, pero aquel formidable apretón le dio la seguridad de que aquel joven poseía el carácter del líder que él buscaba.

-"¡Hostia!", dijo De León. -"Ya era tiempo de que nos conociéramos." Y diciendo esto, le echó los brazos a Sotomayor en una espontánea demostración de sincero afecto, la cual el joven hidalgo no esperaba y, gratamente conmovido, reciprocó el abrazo con genuino placer. Horas más tarde en un rincón privado del palacio y sentados cómodamente en regias butacas, saboreaban el exquisito vino de las vides de Cádiz y platicaban como viejos amigos.

Los invitados ya se iban retirando ceremoniosamente y algunos miraban con envidia como allá al final del pasillo, los dos hombres más célebres de aquella noche decidieron alejarse de la aglomeración que los adoraba para no ser interrumpidos, y mantenían un animado diálogo que, como muchos suponían, quizá carecía de importancia.

-"Dime, ¿cuándo nos estaremos en La Española?", preguntó Sotomayor.

-"Muy pronto", respondió Ponce de León.

-"Cuando las cosas se calmen un poco. Todavía estoy peleando con los indios revueltos que nos quieren matar a todos. También me tengo que defender de los jesuitas que nos acusan de maltratar los taínos. Al mismo tiempo, estoy dialogando para que se me permita ir a la isla de San Juan Bautista y colonizarla, pero nuestro gobernador Nicolás de Ovando está en rencillas con Diego Colón, quien también quiere ese puesto; pues demanda que le pertenece por derecho hereditario. Como si esto fuera poco, ahora tengo que rendirles cuentas de todo esto a nuestros Reyes".

Sotomayor posó un confortador brazo en el hombro de su amigo y le exclamó mirándole a los ojos.

-"¡Hostia! Creo que mejor me voy a Francia."

Ya la Orquesta Real había terminado y todos los invitados se habían ido. El silencio del ámbito palacial fue interrumpido con las carcajadas de los dos españoles.

Llegada de Ponce de león a la bahía de Guanica 1508

actual Bahia de Guanica

Cristóbal Sotomayor estaba involucrado otra vez en una profunda conversación con Juan Ponce de león. Pero esta vez, unas semanas después de haberlo conocido en Valladolid, se hallaban a bordo de la carabela que había salido del puerto de Higüey en la Española, y los conducía a la isla de San Juan Bautista.

-"¿No te preocupa", le preguntó Sotomayor, "que estos indios se rebelen contra nosotros, y no nos acepten en su tierra como dominadores?"

-"No; en absoluto", le contestó Ponce de León; seguro de sí mismo.

-"Los indios de esta isla son muy pacíficos y amigables. Su cacique principal se llama Agüeybaná y es muy noble".

-"Aún me desagrada la idea de invasión", dijo Sotomayor.

-"Acabamos de expulsar a los moros de nuestra tierra, y aquí estamos nosotros repitiendo lo mismo que ellos hicieron con España. ¿No te parece eso una monumental hipocresía?"

-"No es lo mismo", recalcó Ponce de León.

-"Nosotros no éramos salvajes. Los moros no llegaron a España con la intención de ayudarnos. Solo querían nuestro territorio. España solo era un reino más que satisfacía su desmesurada ambición de dominar por fuerza y establecer su religión a través de Europa. Ayuda y superación para sus víctimas, no estaba en su agenda."

-"¿Y qué ayuda les llevamos nosotros a los taínos?", indagó Sotomayor.

-"¡Pues muchísima!" respondió Ponce de León en tono afirmativo.

-"Antes que nada, allá hay jesuitas enseñándoles el castellano y la doctrina católica, y muchos ya se han convertido a nuestra fe. Les enseñaremos a vestirse, ya que andan desnudos. Además aprenderán a cultivar la tierra. Les llevamos herramientas y las semillas que plantarán, para mejorar su dieta. Se les hará caminos y se les mostrará cómo hacer mejores albergues que resistan los vientos del temporal.

¿No es eso ayuda?", dijo Ponce de León, abriendo los brazos inquisitivamente. Sotomayor ya sentía gran amistad y respeto por aquel guerrero de mil batallas. Ahora, oyéndolo una vez más, denotaba su sinceridad y reconociendo su paciencia, le dijo sinceramente:

-"Perdona que insista con tantas preguntas, y gracias por abrirme el entendimiento. También quiero que sepas de antemano que no intento maltratar esta raza, que tú mismo admites que no es belicosa. Por ende, mi prioridad es interceder por ellos".

-"Te entiendo hombre, te entiendo", dijo Ponce de León sonriendo, mientras ponía su mano en el hombro de Sotomayor, en un gesto afirmativo.

-"Pero no podemos olvidar", dijo inmediatamente, cambiando su tono a uno más grave.

-"Tenemos una gran obligación y un mandato que cumplir. La Corona nos exige resultados de inmediato. Los Reyes demandan su oro para sufragar éstas expediciones y sus campañas en Europa, y para llenar sus cofres. No desean saber de qué modo lo hacemos, solo que sea pronto y en abundancia."

-"¿Y cómo planeas hacer eso?", preguntó Sotomayor, también muy serio. Al Almirante Cristóbal Colón no le fue muy bien en esa empresa."

-"Yo lo sé mejor que nadie", dijo Ponce de León en tono apesadumbrado. "Pero hemos aprendido de sus grandes errores. Yo mismo tuve que batallar contra los taínos de La Española, y también en Cuba; y no fue nada de fácil. Son muy aguerridos y valientes. Pero sus arcos y flechas no pudieron con nuestro ejército, adiestrado, disciplinado y mejor armado."

Sotomayor escuchaba muy atento.

-"En Boriken no se cometerán esos errores", continuó Ponce de León. "Mi propósito es colonizar la isla y explorarla con el fin de encontrar sitios adecuados para establecer poblaciones y desarrollar la agricultura, ya que el terreno es muy fértil. Dejaremos que nuestros soldados se encarguen de la minería y que nos traigan resultados. Ellos trabajarán junto con los taínos en la extracción, así el trabajo será dividido parcialmente y los indios no tendrán queja."

-"¿Y si los indios se rehúsan a trabajar?", inquirió Sotomayor. "Por eso mismo se revelaron en las otras islas."

Ponce de León respondió inmediatamente: "Ah, para eso vienes tú, tan recomendado por la Reina en persona. Ella cree, y yo estoy de acuerdo, que tu educación y buena voluntad te ayudarán a resolver este pequeño problema cuando surja".

-"¿Pequeño?", exclamó Sotomayor casi riendo. "¡Una posible masacre no es un pequeño problema! Además, ¿depende de mí que no ocurra? Es casi risible, si no pensara que es mi cabeza la que podrían cortar. Si no los indios, entonces nuestra nueva Reina Juana en persona."

Con eso, fue Ponce de León quien rió a carcajadas mientras le decía: "Mejor la tuya que la mía". Los dos amigos rieron hasta más no poder.

Un día después, estando en la popa del navío repasando el inventario, fueron alertados de que se había visto tierra en la distancia. Los dos corrieron como niños juguetones hacia la proa y llenos de alegría observaron en la distancia un punto diminuto, tan solitario que parecía perdido en medio del inmenso mar. Sotomayor quedó en silencio, mientras reflexionaba. Mirando curiosamente aquel pequeño pedacito de tierra, que aparentaba surgir como la cúspide de una gran montaña sumergida en el medio del profundo océano.

Se maravillaba pensando cómo las fuerzas tan poderosas del destino, manipulaban al hombre como una simple marioneta. Allí se encontraba él por ejemplo, completamente indefenso. Guiado o empujado hacia un punto tan pequeño y tan lejano en el medio de un océano desconocido. Un torbellino de pensamientos cruzaba por su mente. Sentía exaltación, curiosidad, incertidumbre y hasta temor. Se sentía orgulloso del puesto que ocuparía como Lugarteniente de su ídolo y ahora mejor amigo, Juan Ponce de León;

pero también comprendía la enorme responsabilidad que enfrentaría con el cargo.

El joven español no tenía idea ni concepto de lo que podría advenir. Todavía no asimilaba por qué lo escogieron a él, entre tantos otros que tenían más experiencia. La misma Reina y Ponce de León, estaban convencidos de que una mente fresca y joven era lo más apropiado para ese tipo de empresa. Para ellos, la empresa era viable, pero él no estaba tan seguro. No obstante, tenía que obedecer las órdenes recibidas. Estaba ansioso de conocer aquel mundo tan desconocido, y deseaba sinceramente proteger los indígenas del maltrato que supuestamente sufrieron en las otras islas.

Ponce de León lo sacó de su absorto meditar, diciéndole casualmente:

-"Sabes que los indios piensan que nosotros somos Dioses inmortales".

"¿Qué dices; estás loco?", replicó Sotomayor incrédulo. "Eso es una herejía indigna ¿Les harás saber que eso no es cierto, verdad?"

-"Por supuesto que no", dijo Ponce de León con énfasis. "Piénsalo bien. Si mantienen ese concepto, nos temerán y nos respetarán más, y por lo tanto será muy fácil mantenerlos aplacados."

Sotomayor, algo incómodo, replicó: "Ah, y así también será más fácil convertirlos al cristianismo; supongo".

-"Supones bien", dijo Ponce de León. "Mira, cualquier razonamiento que evite el descontento de los taínos y que no sea cruel, es aceptable y justificado."

Sotomayor pensaba, mientras oía las razones de Ponce de León. Por una parte le daba la razón, pero algo le molestaba. La idea de dominar a otro ser humano manipulando su ignorancia, era inconcebible y errónea en su corazón. Respondiendo a sus propios pensamientos dijo en voz alta.

-"Es inaceptable para mí, siquiera el intento de transmutar la creencia de los indios. Y es peor, si se utiliza tan insólita patraña".

-"Pero es la mejor opción que tenemos", dijo Ponce de León tratando claramente de convencer a su amigo y compañero.

-"¿Qué otra patraña se han inventado? Quiero saberlo todo desde ahora", preguntó Sotomayor, mirándolo fijamente a los ojos. Ponce de León ahora sentía su rostro ruborizado, anticipando la reacción de su religioso amigo con su siguiente revelación.

Sotomayor, leyendo claramente su semblante, insistió en su interpelación; admitiéndose a sí mismo que era divertido ver aquella cara que semejaba la de un niño sorprendido en una travesura.

-"¡A ver, qué me ocultas ahora?", le dijo, con sus dos manos en la cintura, acentuando su interrogación.

Con voz casi tímida y falto de carácter, Ponce de León dijo en voz baja: "Los taínos también creen, que si nosotros morimos…. resucitaremos en tres días."

Una espontánea carcajada se oyó en toda la proa de la enorme embarcación. Sotomayor no la pudo contener. Si el tema no fuera tan serio, aquel hubiese sido el chiste o la broma más desternillante que había oído en su vida. Ponce de León también reía, aliviado de que su amigo encontrara humorismo en su última manifestación, pero sabía que aquello no estaba terminado.

Armándose de valor y tomando su acostumbrada postura, le dijo seriamente: "Los mismos jesuitas han abierto el camino para nosotros, pues nos aprovecharemos de eso y nuestra vida se hace mucho más fácil".

-"¿Y qué pasa cuando alguien de nosotros se muere?, indagó Sotomayor repuesto de la risa, pero esperando alguna otra sorpresa.

-"Ahí está el detalle", contestó Ponce de León. "Los taínos están muriendo de enfermedades simples, y los españoles las sobreviven fácilmente, y todavía ninguno ha muerto. Por eso aceptan nuestra inmortalidad".

Luego continuó diciendo: "La idea será deleznable, pero el resultado nos beneficia y nos protege. No nos podemos dar el lujo de andar con remilgos. Sería mucho peor que se sublevaran y nos viésemos obligados a usar la fuerza. ¿No es cierto?"

Sotomayor tuvo que admitir que su amigo exponía un punto interesante y en cierta medida, válido. Volvió a pensar que, quizás, él no estaba preparado para enfrentar aquellas insólitas realidades. Su amigo era idóneo y hábil. La vida ya lo había preparado y su corteza era dura y resistente. Sin embargo él, aún no era apto, y sus escrúpulos se interponían en las decisiones que, aunque crueles, quizás serían necesarias en aquel mundo desconocido y amenazante.

Ponce de León, adivinando sus pensamientos, le puso su brazo en el hombro y le habló en forma paternal.

-"Escúchame', le dijo. "Cuando estoy en el medio de la batalla, solo pienso en sobrevivir. Si bajo mi guardia, el enemigo me eliminará sin compasión. Ahora mismo, tu peor enemigo es tu propia conciencia. No permitas que ella te aleje de tus verdaderos intereses. Tienes una misión, y no la podrás cumplir si tus sentimientos se interponen. Somos soldados y tenemos que obedecer y en ésta batalla, tenemos que utilizar la debilidad de los indios para nosotros tener mejor oportunidad de salir victoriosos".

-"Pero me siento incapaz", dijo Sotomayor.

-"Pues te aseguro que te acostumbrarás, recalcó con firmeza Ponce de León. "Porque a la verdad, no hay alternativa. Usa tu inteligencia en vez de tu conciencia y sobrevivirás.

Deja que la realidad dicte tus actos y ya verás que tu reacción será muy distinta a la presente."

Sotomayor permaneció callado y lentamente digería las palabras de Ponce de León. Quería diferir, pero no podía argumentar con él. Era necesario, ver las cosas como su amigo se las interpretaba. Su sentido común le dictaba que aceptara la situación. Su conciencia sin embargo, se revelaba, y tercamente, le pintaba un cuadro de abuso y aflicción contra los indígenas.

Pero aunque él no estuviera de acuerdo, fundamentalmente, era la Reina la que así lo demandaba. La Corona lo exigía y no había otra medida. Tal y como Ponce de León le inculcaba. Además y más importante aún, Ponce de León era su jefe inmediato y ya su agenda estaba en la mesa

Tan enfrascados estaban en la conversación que se sorprendieron cuando notaron que aquel punto lejano, era ahora más visible, y la silueta de verdes montañas ya se distinguía.

Encuentro de Sotomayor y Guanina

No fue hasta las horas de la tarde, en un caluroso 12 de agosto cuando los dos españoles disfrutaron de la belleza de aquella profunda y amplia ensenada donde la carabela hacia su histórica entrada sin dificultad alguna. El año era 1508; quince años después que Cristóbal Colon había descubierto la isla. Ambos admiraron la natural hermosura de la prístina bahía* que parecía abrir los brazos para darles la bienvenida. Los expertos marineros, sondeaban las aguas encontrándolas libres de obstáculos como rocas y arena donde pudieran encallar. El acerado espolón surcaba las transparentes aguas sin impedimento. Al fin llegaron donde el navío no podía avanzar más y entonces una barca se hizo disponible. En ella llegaron a la playa de blancas y brillantes arenas, donde caminarían hasta la orilla. Sotomayor esperaba las frígidas aguas de las costas ibéricas, pero quedó fascinado con las tranquilas y tibias olas y la suavidad de aquella arena casi blanca y fina que se extendía a lo largo en ambas direcciones.

Tan absorto estaba disfrutando de aquellos encantos naturales que su corazón dio un vuelco en el pecho cuando se percató de que eran observados atentamente por un grupo de indígenas que al parecer los esperaban desde una corta distancia en la amplia playa. Nerviosamente dirigió su mirada a Ponce de León, quien se encontraba unos pasos detrás de él, y logró recuperarse un tanto al ver a su amigo que con su mano en alto en señal de paz y amistad, sonreía a los anfitriones. Mientras se acercaban, Sotomayor no quiso perder ni un minúsculo detalle de aquel trascendental evento que hasta ahora solo conocía por medio de relatos o crónicas. Para él, el encuentro era extraordinario. Ya se había percatado de que aquel era nada menos que el noble Cacique Agüeybaná, monarca absoluto de aquella nación.

Aquello era más emocionante para él, que conocer a cualquier Rey en Europa. Observó impresionado su colorido atavío, que consistía de un hermoso manto que colgaba de sus hombros, tejido con finas fibras de maguey y teñido nítidamente en diferentes colores. Brillantes plumas de distintas aves, colocadas artísticamente, aumentaban su belleza.

Su cuerpo, incluyendo su rostro, había sido pintado simétricamente con franjas blancas, rojas y negras que le daban un aspecto intimidante. En su amplio pecho descansaba un hermoso medallón de oro. Era enorme y redondo y brillantemente pulido. Ya Sotomayor sabía, por medio de Ponce de León, que aquel era el guanín; símbolo de su categoría como el monarca supremo. En su erguida cabeza también llevaba una colorida cinta que sujetaba en su frente, otro medallón dorado, pero mucho más pequeño, y acompañado en ambos lados con dos magníficos cuarzos de diferentes colores. Estos habían sido tallados y refinados con tan perfecta simetría, que semejaban hermosas plumas. Al acercarse más, Sotomayor notó que la estatura del gran cacique era un poco más baja que la suya propia, semejándose más a la de Ponce de León. Aunque de edad un tanto avanzada, era fornido y musculoso y solo lo cubría además de la pintura, un pequeño taparrabo, tejido hábilmente con la fina fibra del maguey, también teñida de vibrante colorido. Sotomayor era muy observador y extremadamente atento a todo detalle. Notó que Agüeybaná se encontraba solo al frente aunque unos pasos detrás de él, había una multitud de indígenas y algunos españoles y jesuitas que ya cohabitaban con ellos hacía varios años. Todos permanecían atrás, en señal de respeto. El noble español interpretó aquel gesto como poderosa señal de indiscutible jerarquía y resuelto denuedo. Recordó Sotomayor la creencia de los nativos de que los españoles eran Dioses. Instantáneamente admiró la gran valentía de aquel líder que le demostraba a su gente y a los supuestos inmortales, que era él, y nadie más, quien dominaba en aquella isla.

Ponce de León, ya muy acostumbrado a tratar con los indios, impuso su propio dominio y resolución. Con soltura y confianza, se dirigió con firme paso hacia el Cacique, como si lo hubiera conocido de mucho tiempo. Le brindó un respetuoso saludo al estilo español. Quitándose el acerado casco y extendiendo su brazo a la derecha mientras inclinaba su mentón de forma reverente. Sotomayor, aún nervioso, emuló a su amigo y también extendió su mano como ya lo había hecho Ponce de León y, por igual, estrechó la recia mano del gran Agüeybaná. Este a su vez los reciprocó con una sincera sonrisa y diciéndoles con un español que quizá los jesuitas le habían hecho practicar:

-"Bienvenidos, y que la paz de Dios sea con ustedes."

Sotomayor ocultó la gran emoción de aquel momento. Estaba frente a lo que en Europa se consideraría como un gran Rey. Se maravilló al verlo tan sencillo y sin arrogancia. Sin embargo, no mostraba temor alguno ante aquellos extraños seres que ya él conocía como Dioses inmortales.

En su noble y afable rostro se adivinaba la bondad y la paz interna. Volvió a decir sonriente:

-"Yo soy viejo y no comprendo muy bien el castellano, pero mi sobrino y su hermana lo entienden, y lo hablan muy bien. Ellos se comunicaran por mí." Diciendo esto, alzó su brazo, que fue una señal para que dos jóvenes taínos se acercaran resueltos, y se pararan a su lado.

Sotomayor quedó boquiabierto pero suprimió su emoción. La joven pareja eran hermano y hermana, y, del mismo modo que el Cacique, se cubrían con un leve taparrabo. Esto demostraba que eran de alta jerarquía, ya que había observado que el resto de la tribu estaba desnuda, excepto algunos que serían también de alto rango. Los dos mostraban sus esculturales figuras, que rivalizaban en belleza, con las hermosas estatuas grecorromanas que adornaban los palacios en Europa.

El joven era de espléndida musculatura y de espalda ancha y fuerte. Ya notaba Sotomayor que caminaba muy seguro de sí mismo y con gesto erguido y orgulloso. Dedujo por eso, que sería el segundo en mando o heredero al Cacicazgo. Al igual que los demás varones adultos, su piel carecía de vellos. [Costumbre taína: se extirpaban el vello por higiene y para combatir el calor tropical.] Su cabellera sin embargo, era abundante y lacia y de negro color, y estaba nítidamente recogida en un moño en la nuca. También lucía las coloridas plumas y adornos líticos en sus brazos y piernas que definitivamente era otro indicativo de su alta posición. Su austera mirada era firme y su porte no inspiraba dulzura alguna.

Entonces, Sotomayor fijó su mirada en la princesa taína, y casi se ruborizó al notar que sus grandes ojos negros estaban clavados en los suyos. Instintivamente le sonrió y ella le devolvió la sonrisa, mostrando su dentadura blanca y perfecta. Al igual que su hermano, era de cuerpo hermoso y piel broncínea. No pudo el hidalgo, evitar una ola de admiración al ver la perfección de sus senos expuestos, que ostentaban oscuros pezones, firmes y erectos. Su hermosa cabellera era también negra y brillante. Ella la llevaba suelta sobre sus hombros, y una nítida cinta lo mantenía en orden, aunque unos adorables rizos se mantenían tercamente en su frente. Sus adornos eran más elaborados y femeninos. Consistían en pequeñas y pulidas piezas de oro que colgaban de su escultural y delicado cuello. Coloridas y bruñidas piedrecitas de brillante cuarzo hialino, colgaban nítidamente de sus antebrazos y de sus hermosas piernas.

Sotomayor estaba absorto, admirando su belleza, cuando un ademán del Cacique hizo que ella se adelantara, y en fluido castellano con un bello acento taíno se dirigió a los dos españoles.

-"Mi nombre es Guanina y en nombre de mi tío, deseo darles la bienvenida a nuestra tierra."

En sus manos portaba una bella canasta tejida de verdes y finas hojas de palma, la cual estaba repleta de frutas maduras y fragantes.

-"Gracias, Guanina", alcanzó a decir Sotomayor.

Ponce de León aceptó la significativa ofrenda y dejó a su amigo disfrutando del bello encuentro.

-"Mi nombre es Cristóbal, Cristóbal Sotomayor", le dijo, sumergido ya en aquellos ojos negros.

-"*Sotomayol*", dijo ella, sonriendo. "Me gusta tu nombre. Suena bello como el sol, como la *flol*".

-"Y como el *amol*", dijo él, casi sin pensar.

-"Sí, sí *señol*", dijo la adorable india, y por primera vez el noble hidalgo escuchó aquella espontánea risa, sincera, infantil y traviesa que lo arrebataría por el resto de su vida. Lo que el escuchó, fue para su alma, un glorioso preludio.

Ponce de León, por su parte, produjo una fina canastilla española llena de golosinas y dulces, además de brillantes alhajas artificiales que cogió en sus manos y se las entregó ceremoniosamente a la princesa taína, que las aceptó emocionada.

Ya el resto de la tribu rodeaba a los españoles y la gente del barco desembarcaba, comenzando con los soldados que con ellos venían. Los indios miraban y tocaban curiosamente a los soldados, creyendo que su acerado uniforme y casco con la espada y el arcabuz era parte de su cuerpo. Nunca habían visto aquellos seres tan extraños. Los soldados tenían estrictas órdenes de no atacar, y, nerviosos, dejaban que los indios se divirtieran con ellos.

Ponce de León decidió despojarse de su propia espada en señal de paz y confianza. Sotomayor encontró el gesto adecuado y también se despojó de la suya, y llamó a un soldado para que asegurara las armas.

Uno de ellos se adelantó prontamente y en forma servil, extendió sus dos brazos para recibir las dos preciadas espadas.

-"¿Cómo te llamas, soldado?", preguntó Sotomayor, para asegurarse del paradero de los aceros.

"Diego Salcedo, mi señor. A sus órdenes", dijo el soldado en voz alta, enfatizando su nombre como para que Sotomayor lo recordara.

-"Cuida esas armas con tu vida, Salcedo, y mantente cerca de nosotros."

-"Cuente conmigo, mi señor. Sus armas estarán seguras y disponibles en el instante que usted las requiera."

-"Muy bien soldado", recalcó el hidalgo disponiéndose a retirarse.

-"Salcedo, señor, Diego salcedo", repitió el soldado en voz alta.

Sotomayor ya no lo oía. Caminaba ligeramente hacia la muchedumbre de indios y españoles, que ya pululaba por la hermosa playa. Iba en busca de su corazón, porque una princesa taína ya se lo había robado.

Diego Salcedo sonrió complacido mientras observaba al segundo en mando de aquella isla. Su elaborado plan había salido perfectamente. Mientras estuvo en el puerto de Palos, se dio a la obra de conocer quién era quién. Don Juan Ponce de León salió a relucir en su pesquisa. Se enteró de su heroísmo y de que era uno de los favoritos de la corona. Razonó y no le cupo duda, que Ponce de León no tardaría en ser compensado por los Reyes por su gran servicio, por lo tanto, ese era el individuo que tenía que seguir para compartir en su buena fortuna. Enlistarse en el ejército, como voluntario, le fue muy fácil. Siempre se las arreglaba para estar al frente y conseguir lo que quería.

El indefectible proyecto que había urdido, produjo resultados. Ahora se encontraba en Borikén, donde los taínos eran pacíficos. Ponce de León estaba a cargo, y Sotomayor, que era otro preferido de la corona, era su segundo. En sus manos poseía las espadas de los dos hombres más poderosos. ¿Qué más podía pedir?

El joven hidalgo, por su parte, ya se hallaba conturbado porque no veía a su princesita, quien por su baja estatura se perdía entre la muchedumbre. Mientras la buscaba ansiosamente, se preguntaba a sí mismo el motivo de su exasperación. Acababa de llegar a un nuevo mundo, hermoso y exótico. Había conocido una nueva raza, extraña e interesante. Sin embargo, solo le interesaba ver a la sobrina del Cacique principal y todo lo demás carecía de importancia. Sabía que aquello no era normal, pero ignoraba la formalidad y sumisamente se dejaba empujar por aquella mano invisible que dictaba sus actos. Su juventud se interponía a su deber. Respondía al llamado natural de la vida. Los latidos de un corazón joven, ahogan y dominan por completo la norma y la disciplina, especialmente ante el umbral del primer y verdadero amor.

A lo lejos, observó el manto con plumas coloridas entre la multitud, y dedujo que cerca de allí estaría aquella muñequita preciosa que le impresionó tanto, y hacia allí se dirigió resuelto. El placer invadió su alma cuando de lejos la notó buscando inquieta a su alrededor y al encontrarlo a él, un grito de júbilo salió de su hermosa boca. Ella alzó sus brazos para llamar su atención mientras se dirigía a su encuentro sonriente. El joven español tampoco podía explicarse aquella fuerza magnética que al parecer tiraba de los dos, y de aquello que ponía tal sonrisa en su rostro, que no podía borrar aunque tratara. Tampoco tuvo explicación por la onda de intenso placer que recorrió su cuerpo cuando la escuchó gritando su nombre por primera vez.

-"¡*Sotomayol*!"

Yucayeque*

Entrada la noche, regresaron al barco para descansar de la jubilosa tarde. Al otro día temprano, ya se encontraban los dos amigos discutiendo un elaborado plan para iniciar la colonización. Sotomayor comentaba sobre su profunda impresión del Gran Cacique y sus sobrinos menores.

-"Especialmente su sobrinita", recalcó Ponce de León, sonriendo. "Ya noté que le caíste muy bien. Por lo menos está muy impresionada contigo".

-"Y yo con ella", se atrevió a confesar Sotomayor un tanto ruborizado.

-"Es hermosísima y creo que ahora comprendo lo que dicen los poetas acerca del amor a primera vista."

Ponce de León fijó su mirada en el espacio, como buscando un recuerdo remoto que dormitaba recóndito en su mente. No quería admitirlo, pero envidiaba a su joven compañero que comenzaba una senda que ya él había recorrido tantas veces, y que añoraba sin remedio. Le temía tanto a la vejez que se aproximaba, y temía más aún que aquellos idilios bellos, ya serían como estrellas inalcanzables que saturaban el cielo pero que ya él no podía tocar. "Tengo que encontrar esa fuente...", pensaba, "Tengo que disfrutar una vez más de la juventud que ya una vez se me escurrió de las manos".

Sotomayor lo sacó de aquel absorto pensar, cuando le preguntó inquisitivamente:

-"Oye, ¿adónde fuiste? Te perdí por un momento."

-"Perdón, mi mente salió a volar", contestó Ponce de León sacudiendo su gris cabellera.

-"Mira, la vida te da solo una oportunidad para conocer el primer amor, especialmente si es a primera vista. Olvídate de estos quehaceres, que yo me encargaré. Quiero darte este regalo por ser un buen hombre. Marcha a la aldea de Guanina y disfruta de su compañía, mientras aprendes de ella cómo viven los taínos. Anda, antes que reflexione y se me quite esta nube romántica que ahora me cubre el buen sentido". Diciendo esto, lo empujaba fuera del camarote y Sotomayor, perplejo, se dejó guiar dócilmente y sin argumento alguno.

Sotomayor no perdió un minuto. En cuanto terminó su conversación en el camarote, se acogió feliz al deseo de Ponce de León y se dirigió expectativo hacia aquella princesa que ya le había arrebatado el alma. Aún no estaba seguro de la razón por la que su jefe le permitió ir donde Guanina, cuando había tanto que hacer. Ya conocía al gran militar lo suficiente para saber que él no tomaba una decisión si no era estratégicamente beneficiosa.

Con la ayuda de un guía, se dirigía a paso veloz hacia el yucayeque* del Gran Cacique que se encontraba a unos kilómetros, en el interior de la isla. Su corazón palpitaba ansioso con la anticipación de ver la bella taína una vez más.

Se aproximaba a la aldea que estaba al margen de un hermoso lago de agua dulce y cristalina. Ya había sido divisado por algunos indios que corrían hacia el centro para dar aviso de su inesperada llegada. No se preocupaba en lo absoluto de su propia seguridad, pues ya sabía que estaba en territorio amigable. Por primera vez experimentó la noción de ser un temido Dios, pues los nativos lo esquivaban y evitaban mirarlo al rostro, como temiendo alguna represalia.

En ese momento reconoció la estrategia de Ponce de León de no divulgar su mortalidad, si esto ayudaba a mantener la paz.

Su corazón dio un salto en el pecho cuando a lo lejos, divisó la esbelta figura taína que corría hacia él con la gracia de una joven gacela. Ni se dio cuenta de que él también corría hacia ella con la ansiedad de un loco enamorado. En el instante en que se encontraron, sin embargo, los dos contuvieron las ansias de saltar en los brazos del otro. Después de todo, solo se conocían hacía unas horas y aun no sabían cómo se sentía el otro, ni cómo reaccionar. Pero ya Sotomayor presentía felizmente en su joven corazón, que ella también estaba tan enamorada, como él de ella. Comprendió también que Guanina era muy joven y quizá tan impetuosa como él mismo, y alguien tenía que tomar el control comedidamente.

-"¡*Sotomayol*!", dijo ella, con aquel deleitable acento taino, y deteniéndose en seco.

-"¡Guanina!", respondió él, un tanto ruborizado por la carrera que emprendió. Extendió sus manos y tomó las que ella tímidamente le ofrecía. Eran pequeñas, suaves y cálidas. El contacto lo estremeció. Ella también estaba obviamente temblorosa y como hipnotizada, y lo miraba a los ojos sin saber qué decir. Conteniendo las ansias de estrecharla fuertemente en su amplio pecho, y de besar aquellos labios carnosos y sensuales, optó por echarle un brazo en los hombros y darle un afectuoso abrazo.

Se alegró de su decisión de contenerse, ya que cuando emprendieron el camino hacia el centro de la aldea, su hermano se encontraba en medio de la vereda que seguían y los contemplaba con atención.

Sotomayor se acordaba de la fría actitud que mostró el día anterior, pero se tranquilizó al ver que el joven y musculoso guerrero le extendía la mano para saludarlo con una grata sonrisa que mostraba una dentadura blanca y pareja.

-"Mi hermano me envió a que te diera la bienvenida a nuestro Yucayeque", lo tranquilizó Guanina.

-"¿Te quedarás unos días?", le preguntó el hermano con interés.

-"Si me lo permites, me agradaría mucho", respondió Sotomayor. "Quiero conocer tus costumbres para adaptarme a ellas."

-"Muy bien", dijo él.

-"Mi hermana te mostrará lo que quieras ver. Mi tío está organizando un areyto* para darles la bienvenida. Yo ya salía de cacería para conseguir carne para la *barbacoa*.*" Diciendo esto, el esbelto taíno alzó su mano otra vez en un adiós y sonriendo les dijo:

-"Los veré en unos días."

Al marcharse en carrera, emitió un sonido con su boca que era una imitación perfecta de uno de los pájaros que Sotomayor había oído en el denso bosque. De súbito, emergieron en la vereda una docena de nativos y varias hembras que habían permanecido completamente invisibles en la espesura hasta ese momento. Sotomayor dio un paso atrás sorprendido, porque al salir a la vereda, todos iban entonando el mismo cántico y lo continuaban mientras corrían detrás del líder. Guanina sonreía mirando el rostro perplejo del español, que seguía el grupo de cazadores con la mirada, hasta que se perdieron en el denso boscaje.

-"Le cantan al buen Dios de la caza para que los ayude y los guíe", dijo la taína, adivinando su pensamiento

-"Tu hermano parece más tranquilo y feliz que ayer", dijo el español medio turbado. A lo que respondió Guanina, sonriendo:

-"Dos cosas hacen feliz a mi hermano: el areyto y la caza".

Sotomayor tendió su mirada alrededor y notó que estaban completamente solos. La brisa fresca de la mañana y el eterno trinar de los pájaros era su única compañía. Desconfiado, escudriñaba la espesura buscando los elusivos indígenas, pero todo era paz y solitud. La princesa adivinaba su recelo y le confirmó sonriente que no había nadie espiando. Él no pudo resistir por más tiempo el deseo de abrazarla y besarla y hacerle saber que ya estaba loco por ella a pesar de..... Ella ya estaba abrazada a él, mirándolo extasiada y sin saber cuál era el próximo paso. Él no se hizo esperar. Por su alta estatura, tuvo que inclinarse un poco para tomar el bello rostro en sus enormes manos. La abrazó y la besó descontroladamente.

-"Te amo, Guanina; te amo desde el primer segundo que Dios te puso en mi camino."

-"Y yo a ti, *Sotomayol*, te amo también. Desde que te vi en la playa caminando hacia nosotros, el corazón me saltaba. En tus ojos vi dulzura y bondad, y ya sabía que los buenos cemíes te traían de la mano para que compartieras mi vida."

Así estuvieron un largo rato como en un trance. Acariciándose y besándose. Hablaban y preguntaban. Escudriñando los sentimientos más íntimos en un coloquio que solo los enamorados entienden. Él, feliz como nunca en su vida. Ella, entregando su joven alma a un sentimiento desconocido, pero maravilloso y sublime. No sabía, ni le importaba, que aquel hombre fuera humano o un Dios inmortal. Solo estaba segura de que era bello y alto, de ojos dulces y piel blanca, y barba negra y hermosa. No sabía de qué mundo venía ni adónde iba; pero estaba ya segura de que su propia vida le pertenecía y estaría con él hasta el mismo final de su existencia.

Cuando volvieron a la realidad, él decidió que era prudente llegar al centro de la aldea y conocer más a fondo aquella cultura que tanto lo atraía.

Caminaban lentamente; hablando y conociéndose. No fue hasta el mediodía que llegaron al centro de la aldea. De inmediato, una miríada de niños curiosos y bulliciosos los rodeó. Con ellos también venían varios perros que, aunque muy juguetones, no ladraban.

-"¿Qué quieres ver primero?", preguntó la princesa.

-"Todo, lo quiero ver todo", contestó el español.

-"Pues ven y verás las preparaciones para el areíto", le dijo ella mientras lo halaba de la mano.

Sotomayor captaba muy atento todos los detalles y asimilaba los datos que Guanina le proporcionaba. La aldea era enorme. Una calle principal la dividía. En ambos lados, docenas de bohíos la bordeaban. Se trataba de construcciones muy estables, hechos meticulosamente de puntales de fuerte madera, enterrados firmemente en la tierra. A estos se les añadía ramas de las palmeras, fuertemente atadas con bejucos muy resistentes. El techo consistía de las yaguas de la misma palma, igualmente atadas. Todos los bohíos eran redondos y con el techo cónico. Curiosamente, no tenían ventanas. De esta manera eran más resistentes a los fuertes vientos de los huracanes que frecuentemente azotaban la isla. El piso era la misma tierra, pulida, y se encontraba inmaculadamente limpio.

Las viviendas variaban en tamaño, según el número de familiares. Hacia un lado, se distinguía otro grupo de bohíos, pero de forma rectangular y mucho más cómodos. Según Guanina, se les llamaba *caneyes*. El más grande y elaborado, y de frente al batey, era la vivienda del Cacique. Este estaba elevado sobre espeques y ostentaba un pequeño portal. El Cacique residía allí con sus esposas. En los otros, residían otras jerarquías como los *Nitaínos,* que eran de la línea del Cacique, y los *Bohiques,* que eran los curanderos o sacerdotes de la aldea

Aun en la residencia de los privilegiados, el único mueble que se notaba era la *jamaca* para descansar o dormir. En la vivienda del Cacique también se encontraba el *dujo**; tallado finamente en madera, donde él se colocaba en cuclillas en actos ceremoniales o para impartir alguna ley. En las entradas de los *caneyes* se podían ver distintas representaciones de Dioses y *cemíes* de diversos tamaños, tallados artísticamente en piedra o madera. En el resto de los bohíos, pertenecientes a la clase más baja de los *naborias*, podía haber Dioses líticos mucho más pequeños colgando de las paredes.

Inmediatamente después de la aldea, llegaron a un gran *batey.* Era un llano enorme, completamente aplomado. A su alrededor había enormes rocas. Algunas eran de dos metros y pesaban varias toneladas. Todas estaban perfectamente situadas y algunas estaban talladas representando diferentes Dioses. Otras contenían jeroglíficos y estaban pintadas artísticamente. Un grupo de indios barría el batey con escobas hechas de palmeras. Otro, con gran precisión, aplomaba el suelo rojo con pisones de madera.

Sotomayor había estado asombrado de que no había visto más indígenas adultos a su entrada en la aldea. Ahora comprendía la razón. La preparación para el areyto era grandiosa y todos en la comunidad estaban participando en ello. La tarea comunal era digna de admiración. La mayoría de los hombres habían salido a la cacería y a la pesca. Las mujeres y los naborias, que eran los trabajadores, seguían fielmente las instrucciones de los ancianos y familiares del Cacique que componían el mando. Se atendían enormes hortalizas de yuca, batatas, maíz y otros víveres. Algunas mujeres usaban *pilones* y *macetas* para moler especias y yerbas aromáticas que servirían para adobar las aves que traerían los cazadores. Otras mujeres extraían sal blanca como la nieve. Ingeniosamente, llenaban vasijas llanas con agua del cercano mar y la dejaban evaporar al sol. El resultado era una sal más fina que la consumida en Europa. Otros se encargaban de acumular leña seca para la barbacoa. Esto constaba de grandes bandejas de cerámica que se ponían sobre las brasas para cocinar la carne. Varias mujeres guayaban grandes cantidades de yuca sobre piel disecada de tiburón. Con ésta, se preparaba cazabe y un sabroso pan que Sotomayor comió con gusto cuando Guanina se lo ofreció.

Sotomayor admiraba sinceramente la eficiencia y la inteligencia de ésta raza que en España era considerada salvaje. Sobre todo por la manera en que trabajaban tan unidos y dedicados. El dinero o la moneda no existían. Todo lo que cultivaban era propiedad comunal.

No muy lejos del batey, se encontraba el gran Cacique. Esta vez no vestía en su formal atavío. Saludó a Sotomayor con un amigable gesto, pero prosiguió ocupado con un grupo de indios jóvenes que lo rodeaban, y muy atentos lo escuchaban mientras él sostenía un pesado aro ovalado, tallado de piedra. Según Guanina, era la ceremonia donde se introducían los nuevos miembros al juego de la pelota, o bato.

Aquella piedra tallada y ahuecada era de gran significado en aquellos juegos. Esta se ponía sobre un firme pedestal tallado en madera en el centro del *batey*. Los indios en dos bandos competían atléticamente para pasar una bola fabricada con la resina de cierto árbol, a través del aro lítico. Solamente era permitido pegarle a la pelota con los pies, hombros o cabeza; y estaba prohibido usar las manos. El español quedó muy impresionado con aquella pelota que rebotaba del suelo; algo que en Europa no se conocía. Ya estaba ansioso por contemplar la competencia que prometía gran diversión.

Por fin, días más tarde, Sotomayor contemplaba fascinado el areyto que en honor a ellos, Agüeybaná había organizado. El Cacique estaba en cuclillas sobre el dujo*, el cual era exclusivamente para su uso. Sotomayor y Ponce de León estaban a su lado, sentados cómodamente sobre un viejo escaño traído del barco. Algunos taínos que eran de la alta jerarquía en el yukayeque, también estaban en el círculo del Cacique. Los españoles que obedecían las órdenes de Sotomayor; permanecían un tanto alejados de los indios, pero admirando las ceremonias.

Horas antes, siguiendo la tradición de los taínos, Ponce de León y el cacique Agüeybaná habían intercambiado nombres, en señal de mutuo respeto y amistad. Por lo que ahora eran *guaitíaos*.* Toda la aldea estaba tomando parte de la celebración. Las mujeres y los naborias se encargaban de atender la barbacoa* y el *burén** Sotomayor saboreaba el grato olor.

-"La fragancia de esas fogatas despierta los muertos", le comentaba a Ponce de León, aspirando el delicioso aroma.

-"Sí, el olor es rico…", respondió este, "… pero cuando lo comas, entonces me hablarás de algo extraordinario."

El aire se llenaba con el sonido de varios tambores de diferentes tamaños, hechos de troncos de duros árboles que habían sido ahuecados meticulosamente. A estos los acompañaban numerosos *güiros* rayados, y las maracas hechas del fruto de la higüera parcialmente llena de semillas o maíz seco.

Todos los instrumentos estaban artísticamente pintados. La música era definitivamente agradable y rítmica. Los indios (hombres y mujeres) bailaban incansablemente en varios tipos de baile representativo y religioso. En uno de ellos, los ancianos caminaban al frente mientras entonaban cánticos relatando las historias de sus antepasados y que habían aprendido de jóvenes. Los demás indios los seguían en comparsa, repitiendo en coro. Memorizando los versos para que un día, ellos también los pudieran cantar y mantener viva la historia. En otros bailes, las mujeres bailaban solas siguiendo la música al mismo compás y moviéndose sensualmente.

Mientras las indias danzaban, los hombres se aprovechaban y comían precipitadamente para volver con nuevos ánimos. En uno de esos intercambios, un indio desnudo y pintado como los demás, se acercó a Sotomayor y le extendió la mano. El hidalgo quedó desconcertado.

-"Oiga, que ya usted no reconozca a sus paisanos…", dijo el indio en perfecto castellano.

Ponce de León, sonriendo, se levantó de su asiento y dijo:

-"Te presento a Juan González, nuestro intérprete."

Sotomayor estrechó su mano efusivamente, exclamando: "Pero si pareces un indio y te comportas como ellos".

-"Es que soy trigueño, de sangre mora", dijo González sonriendo. "No sé si culpar al moro que sedujo a mi madre, o culparla a ella por haber accedido. Pero ahora esta piel y mi pelo negro me han ayudado a infiltrarme con los taínos y aprender su lengua y sus costumbres. Y más importante, me aceptan como a uno de su raza."

-"Magnífico", respondió Sotomayor, impresionado. "Ahora me puedes explicar el significado de estos bailes y ceremonias."

-"Con gusto", dijo González. "Los he estudiado por años."

Eran hermosas y coloridas, las pinturas y los adornos que lucían todos en la aldea. Era muy obvio que habían puesto gran esfuerzo en adornarse bien. Especialmente los jóvenes, que aprovechaban los areytos, y cierto baile ceremonial para tratar de conquistar su pareja, mediante un rito donde solo los solteros participaban. Estar atractivo para la ocasión, era de primer orden.

Ese era precisamente el baile que Sotomayor presenciaba en esos momentos con sumo interés. Se moriría de tristeza si veía a Guanina participando en el baile ceremonial, como era su derecho. Un sentimiento de impotencia y de celos invadió su alma. Solo su gran disciplina lo contuvo. Su rostro ni se inmutó, pero su corazón sangraba. Juan González le había explicado la naturaleza de este baile, durante el cual quizá perdería su querida princesa ante los requiebros de otro joven taino de jerarquía. Trataba en vano de distinguirla entre los danzantes y al no verla, se imaginaba que ella se estaba ocultando de él.

Quería gritar su nombre a toda voz para detenerla. Para decirle que ella no podía darle su amor a nadie más, porque él estaba loco por ella y se estaba muriendo de celos.

-"Cálmate, amigo mío, que te dará algo malo en el corazón", dijo Ponce de León, al adivinarlo preocupado.

-"Es que mi corazón ya está muriendo de celos", le respondió. "Nunca supe lo que era este sentimiento, pero te juro que no es nada agradable". Hasta ahora, no sabía cuánto la amaba, y sería muy doloroso perderla cuando la encontré hace tan poco.

Sotomayor le confesaba esto a Ponce de León y se irritó aún más cuando su amigo sonreía, en vez de brindarle el apoyo que el necesitaba.

-"¡Joder! ¿Por qué te sonríes, cuando yo siento que me muero por dentro?", le dijo, mirándole a los ojos.

Ponce de León le puso ambas manos en los hombros y poniéndole presión, lo volteó completamente hasta que Sotomayor quedó frente a frente a su adorada taína que casi pegada a él, lo miraba con puro amor en sus negros ojos. Si hubiera visto una célica imagen bajar de los mismos cielos, el noble hidalgo no hubiera sido tan feliz como estaba ahora, ante aquella visión tan bella. Para completar su dicha, escuchó su dulce voz enamorada que exclamaba:

-"*¡Sotomayol!*".

Espontáneamente la abrazó y la alzó en el abrazo, mientras giraba y reía como un demente. A pesar del sonido de los tambores y de los ruidosos indios, aquella risa infantil y traviesa, se escuchó en el batey, haciendo a Sotomayor el hombre más complacido en aquel areyto.*

*dujo: asiento del Casique
*areito: fiesta o conglomeración de los nativos
*Barbacoa: a la bbq
*bohique: curandero o sacerdote
*Nitaíno: alta jerarquía
*Naboría: clase baja, trabajadores
*burén: embace de barro
*Batey: patio extenso en el medio de la aldea

Muerte de Agüeybaná I

Juan Ponce de León, aprovechó la gran amistad que estableció con el gran Cacique, que ya había aceptado el cristianismo. Semanas después de su llegada, le pidió que le mostrara el interior de la isla. Especialmente por las hermosas montañas que se veían a lo lejos.

Traspasaban la isla, viejos caminos y veredas desde tiempos de antaño, por donde los ancestrales taínos iban y venían. Agüeybaná los conocía todos.

El grupo de exploradores entre indios y españoles, se prepararon para el largo viaje. Eventualmente llegaron a la zona oriental de la isla. Ponce de León quedó cautivado por la belleza del terreno y las playas, especialmente una, a la que llamó Puerto Rico. Allí mismo decidió que el lugar era perfecto para establecer su hogar y traer su familia. Regresaron semanas después y entonces visitaron la Española. De nuevo, el gran Cacique fue invitado y viajó allá con el explorador.

Al regreso de esta travesía, Ponce de León vino acompañado de un gran número de colonizadores ya adiestrados. Partió inmediatamente con ellos para el lado de la isla que ya había escogido para establecerse, y dejó a su amigo y lugarteniente a cargo de la colonización y las minas en la parte occidental.

A las pocas semanas de su regreso, el gran Cacique contrajo un mal desconocido en aquella cultura. Ahora se encontraba muy grave. Con una enfermedad a la que los Bohiques no le hallaban cura. Los sahumerios, los areitos a los cemíes, ni las veladas del pueblo que lo amaba, lograron quitar de su cuerpo las dolorosas ampollas y la persistente fiebre que deterioraba de manera acelerada. Para agravar la situación, otros taínos habían caído enfermos y muchos sucumbían a la misma enfermedad.

Sotomayor se hallaba consumido con pena y preocupación. A él le constaba que lo que afligía a los nativos y que estaba matando al noble Cacique, eran varicelas y un crónico catarro pulmonar. Estas dos enfermedades eran comunes en Europa y los médicos ya las trataban eficientemente. Pero los fuertes y saludables cuerpos de los indios, carecían de los anticuerpos necesarios para combatirlas, ya que nunca habían sido expuestos a ese tipo de virus. Se sentía culpable porque fueron los españoles quienes introdujeron todos aquellos males, pero sus manos estaban atadas.

Por un lado, no podía intervenir en el tratamiento, ya que no había ni medicina, ni médicos. No podía enviar por ayuda porque no había barcos que recorrieran aquella ruta. Además, la ayuda, si encontrara alguna, llegaría muy tarde. Tampoco podía divulgarles que él sabía el origen y quizá la cura y para mayor frustración, ni podía establecer una cuarentena o aislamiento.

Observaba conmovido como los curanderos hacían sinceros esfuerzos para salvarle la vida a su amado Cacique. En aquella cultura, cuando el curandero fallaba con sus remedios y la victima moría, era común que lo llevaran al bosque y le proporcionaban una paliza y lo dejaran abandonado. Él esperaba que esto no sucediera, pero no veía cómo el Bohique podría salir triunfante.

Tal y como Sotomayor presagiaba tristemente, el Cacique murió poco después de haber sucumbido ante la desconocida enfermedad. De inmediato ordenó que se suspendiera todo trabajo donde los indios participaban, para que hicieran lo que en esos infaustos momentos era acostumbrado. Todos los españoles observaban respetuosamente, sin intervenir.

Los jesuitas acudieron a Sotomayor para que este ordenara a los indios a que procedieran con un entierro cristiano ya que el Cacique era católico, pero él se opuso categóricamente, ya que el evento sería de gran magnitud y ellos no tenían el derecho a cambiar una tradición arraigada por siglos.

Los caracoles con su hondo y triste sonido, divulgaron la noticia que pasaba de montaña a montaña. Sotomayor nunca comprendió qué clave llevaba el grave sonido que emanaba de aquella rosada concha, pero dos días después todos los Caciques de Borikén, estaban presentes para rendirle honor a su jefe supremo. El areyto esta vez fue de gravedad exequial. Su querida Guanina, permanecía junto a su tío muerto y los ancianos de la aldea, a su vez, llenaban vasijas de alimentos y pertenencias del gran Cacique.

Por medio de Juan González, el intérprete, Sotomayor supo que los taínos creían en otra vida después de la muerte, y eran enterrados con lo necesario para ello. En un hermoso prado, cavaron con sus *coas* una fosa que a Sotomayor le pareció enorme. Pronto supo el motivo, cuando observó que colocaban el cuerpo en la fresca tierra, pero no acostado, sino en cuclillas. Entretanto, un grupo de seis hermosas taínas se peleaban entre sí. Según Juan González, estas eran las esposas del Cacique y solamente una, su preferida, sería enterrada viva con él.

El español observaba con gran asombro y admiración como todas las hembras se peleaban por el privilegio. El diría sacrificio, pero la esposa no lo veía así. Era la bendición de los sagrados cemíes. Era un privilegio morir a su lado y ser reconocida como la hembra favorita del Cacique, y que fuera ella quien hizo más feliz al hombre más poderoso de aquel hermoso mundo. Ahora viajaría con él a la otra vida. Nada en el universo podría superar la felicidad de aquella hermosa taína.

El noble hidalgo contempló conmovido que la escogida era escoltada solemnemente hasta la misma tumba, por Agüeybaná, *el Bravo* y su hermosa hermana Guanina. ¿Y quién mejor que ellos para saber las preferencias de su querido tío? Por eso escogieron a la privilegiada esposa. Pero en vez de sacrificio, era como una celebración. Los sonrientes rostros así lo expresaban.

Dos días después, tras extraños ritos y asambleas, hubo otro areyto. De nuevo participaron todos los caciques. Esta vez era de pura celebración y regocijo para toda la aldea y las aldeas vecinas. Un nuevo cacique supremo sería escogido. Se sabía que el sobrino del gran Cacique fallecido, era el heredero del trono por ser el primer hijo de su hermana. En aquella cultura, la línea maternal era la que regía.

Los tambores, las maracas y los güiros unidos a los cánticos taínos, marcaron el momento en el cual Agüeybaná, *el Bravo*, salió del caney que antes pertenecía a su tío. Solemnemente se dirigió al *dujo* de piedra que estaba en el medio del batey, y en él se sentó de cuclillas como era la costumbre. Su musculoso cuerpo estaba cubierto con brillantes rayas coloridas, cuidadosamente pintadas en figuras geométricas. Atada de su cuello traía la hermosa capa de diversos colores. En su cabeza, una cinta colorida incrustada con talladas piedras de oro y cuarzo, era hermosa e imponente. En su amplio pecho descansaba el brillante guanín* de oro, que ahora lo distinguía a él, como el supremo monarca.

El joven guerrero se mostraba tranquilo. Trataba de recordar todo lo que su tío le había inculcado antes de morir, cuando compartieron interminables horas juntos. Extendió la mirada, y observó a todos los españoles, incluyendo a Sotomayor, que permanecían al margen del batey, respetando el evento indígena. Agradeció mentalmente al gran jefe español por su apoyo y por no cejar en su esfuerzo de mantener el orden firmemente entre su gente. Guanina había permanecido alejada de su querido español durante todas las ceremonias. Sotomayor comprendió y la dejó portarse como la situación demandaba. La admiraba por permanecer leal a su propio discernimiento.

En cierto momento durante el areyto, ella vino a su lado sonriente y adorable. También lucía bellos adornos en su cuerpo que la hacían más hermosa aún. Lo besó tiernamente y lo cogió de la mano dirigiéndolo al *dujo*. Él se resistió, pero al mirar al nuevo cacique, el español notó que él gesticulaba para que se acercara. Agüeybaná estaba de pie y extendía su mano saludándolo al estilo español. Sotomayor emocionado estrechó aquella fuerte mano y lo atrajo hacia él y lo abrazó sinceramente, demostrando así su afecto y su respeto para el nuevo Cacique de Borikén, quien reciprocó el abrazo.

-"Mi hermana te llevará a que comas y disfrutes. Y gracias por lo que has hecho."

Por dos días más continuó la celebración, al cabo de los cuales todo volvió a la normalidad.

*Guanin; medallon de oro, redondo

El Nuevo Cacique

Habían transcurrido varios meses desde la muerte del noble
Cacique Agüeybaná I. Ahora con su sobrino, Agüeybaná, *el
Bravo*, al comando del cacicazgo, Sotomayor notaba cómo

la actitud de los indios se deterioraba progresivamente. Casi todos se obstinaban en desobedecer a los colonizadores en los forzados trabajos. Esto irritaba los capataces que los acusaban de flojos y vagos y los empujaban más y más, creando un desafortunado círculo vicioso. En el tiempo que llevaba cohabitando con aquella noble raza, el sensible español, que los estudiaba a fondo, no veía a los indígenas como vagos o flojos. Comprendía que en aquella cultura que estaba arraigada a sus costumbres de siglos, las mujeres atendían asiduamente los trabajos duros y la labranza era más común para ellas que para los hombres. Forzar los fornidos taínos en la agricultura o en las minas, era exponerlos a algo que les era desconocido y fuera de sus normas. Obligarlos, era definitivamente en detrimento de su orgullo y virilidad. Por otro lado, los taínos proporcionaban una ayuda esencial para las tareas, ya que aún no había suficiente mano de obra. Sin ellos, la situación sería crítica. La idea era enseñarlos, pero había que empujarlos demasiado, y ahí yacía el problema. Sotomayor enfrentaba un dilema que cruelmente retaba su sapiencia y su sensibilidad.

El español creyó oportuno dialogar con el joven monarca amigablemente, antes de que su relación se deteriorara. Estaba sorprendido de lo bien que Agüeybaná hablaba el castellano. Conversando con él largamente, se dio cuenta de su inteligencia y sabiduría. Poseía la nobleza de su tío, pero su juventud lo hacía impetuoso; aunque, por ahora, sabiamente controlaba sus impulsos. Ya los indios estaban siendo utilizados para tareas mayores y repudiaban la dura labor. Sotomayor sabía que más tarde el trabajo aumentaría según la colonización avanzaba y que sería necesario utilizar más indios y con más intensidad. Pero también sabía que los indígenas nunca aceptarían el duro trabajo, y mucho menos si eran forzados a ello. La decisión no sería grata, pero era ineluctable. Quería prometerle al nuevo Cacique que no habría desavenencias. Que no tenía planes de doblegarlo porque ya reconocía su pertinacia; pero en el fondo de su alma, sentía un inefable y doloroso barrunto.

-"¿Por qué odias a los españoles?", le preguntó Sotomayor; aunque de antemano sabía la repuesta. En España se odiaba profundamente a los moros y ni con el paso de los siglos, mermaba el resentimiento. El joven taíno contestó sin vacilación.

-"No odio a los españoles, odio a los Dioses que sin piedad abusan de su superioridad y nos quieren doblegar con su poderío. Nuestro Dios Juracán, es cruel y nos castiga con furia cuando lo merecemos, pero su ira se aplaca cuando queda satisfecho. Los Dioses invasores no conocen la misericordia, y su asedio es constante.

Prosiguió hablando indignado.

-"Nuestra anciana madre nos inculca que vivamos en paz para que evitemos la guerra. Ella conoce y nos cuenta de las atrocidades que han cometido con nuestros hermanos en las otras islas. No se pueden defender de los Dioses que no mueren y las flechas rebotan de sus cuerpos. También tienen armas como espantosos truenos que matan de lejos con invisibles rayos. Perros gigantes que destrozan a sus víctimas."

-"Pero eso no sucede aquí", dijo Sotomayor; tratando en vano de aplacar el bravo taíno.

-"Todavía no", dijo él.

-"Pero ya nos tienen escarbando las entrañas de la tierra en busca de ese maldito metal dorado, y limpiando los campos para la siembra. Me da ira que también están tratando de cambiar nuestra manera de pensar y de hablar."

-"¿Pero no te place entender otro idioma? Por lo visto, ya tú lo aprendiste y estás comunicándote muy bien", dijo el español.

-"Aprender otro idioma es sabio", contestó el *Bravo*.

-"También nuestra madre nos aconsejó que aprendiéramos esa extraña lengua porque es bueno saber lo que hablan tus amigos, y es mejor aún, conocer lo que dicen los enemigos. Pero no me refiero al lenguaje, sino a nuestro acervo. Nuestra manera de creer, como nos la inculcaron y heredamos de nuestros ancestros. Nuestros Dioses son sagrados para nosotros y tan importantes como es Jesucristo para ustedes. Yo no te someteré a una obligada herejía, ni me verás obstinado en que andes desnudo y seas parte viviente de la naturaleza, eso sonaría ridículo para ti. ¿No es cierto?"

Sotomayor quedó sin palabras por unos segundos ante aquel inefable razonamiento. El hecho era que a él, le agradaba la idea de una religión como la de los taínos, donde todavía no existía la malicia, ni la maldad. Donde la paz y la limpieza del alma se revelaban en cada aspecto en la vida de aquella noble cultura. Realmente envidiaba la simpleza y la armonía de aquellos supuestos salvajes.

El mundo civilizado veía a los indios como salvajes, cuando en realidad, eran ellos los que vivían en un tumultuoso salvajismo; matándose los unos a los otros y pudriéndose en la ambición, en las envidias y las ansias del poder.

Siendo un hombre de profunda educación, el noble hidalgo se sentía frustrado al discernir tristemente la culminación de aquellos eventos. Impotente, no encontraba palabras para contrarrestar el argumento que exponía el joven Cacique. La civilización llegaría, y como de costumbre, como había pasado cientos de veces, era inevitable. Siempre al lado del más fuerte y vistiéndose de mejoría, proseguía sorda y muda al daño colateral y a la aflicción de los pueblos que sucumbían bajo su ineluctable paso. Era tan implacable como la misma peste negra. La orgullosa y pasible raza taína, sería su próxima víctima. Otro capítulo del libro de la civilización, ya comenzado.

El santuario de Guanina

Charco de curret

Este frondoso escenario
Con su prístina belleza
Donde la naturaleza
Muestra su mejor vestuario
Es el acogedor santuario
De la princesa Guanina
Que en el agua cristalina
halló un remanso de paz

Y disfrutaba en su solaz
Aquella hermosa taína.

De la montaña surgía,
Un par de fuentes colgantes.
Las Diosas espumeantes
De la paz y la armonía.
La floresta en pleitesía,
Las decoraba a su antojo.
Y ella en reverente hinojo,
Como se hacía por edades.
Adoraba sus dos deidades
Refugiándose en su acojo.

Era como ya decían por España, un calor caribeño.
Sotomayor tiraba de las cortinas tratando de apocar el resol
que penetraba en su alcoba. Extrañaba el aire fresco de su
tierra Ibérica; sin embargo, el calor en sí no le molestaba.
Era feliz en aquella encantadora isla, pues poseía un
atractivo único. Parte de su encanto, era aquella radiante
luz meridiana que estimulaba el verdor y los colores; y le
daba vigor a la vida. Aquella natural belleza usualmente lo
calmaba; pero hoy, se sentía casi abatido por la situación que
le rodeaba. Ya su campamento, Tavara, casi convertido en
aldea, le estaba dando problemas por la humedad y por los
implacables mosquitos que, al caer el sol, descendían sobre
ellos en densas colmenas de increíble voracidad.

Extrañaba a su amigo Juan Ponce de León, que hacía
poco había marchado, dejándolo a él, a cargo de aquella
monumental tarea. También extrañaba mucho a Agüeybana
I, el fenecido Cacique que con su nobleza y sabiduría, había
hecho la vida más llevadera. Bajo su mando, sus indios

le ayudaron mucho en la construcción de viviendas para los españoles y en las grandes hortalizas que estos habían plantado para el consumo del poblado. Ya los españoles también experimentaban con la búsqueda del oro que se podía encontrar en algunas de las numerosas quebradas y riachuelos que por allí abundaban. Él hacia lo posible para que los taínos fueran tratados bien y amonestaba severamente a los españoles que usaban cualquier forma abusiva hacia ellos.

Sin embargo, las necesidades crecían y la ayuda de los indios se hacía más necesaria. Como él no podía estar presente en todo momento, y en cada lugar, los ambiciosos españoles comenzaron a hostigar más a los indios. Especialmente en las lejanas minas de donde se extraía el oro.

Sotomayor notaba más la animosidad del nuevo Cacique y su esfuerzo de entablar una amistad con él y hacerlo entender, resultaba infructuoso. Solamente la creencia de que todos los españoles eran Dioses y el temor de las represalias de aquellas deidades inmortales, mantenía a los indios subyugados.

Arriba de todo esto, Sotomayor tenía la presión de relocalizar su aldea en otra parte de la isla, según su jefe había sugerido, donde la naturaleza fuera más clemente. Decidió que antes de enfrentarse a esta exigente empresa, tenía que ver su bella y amada taína. Entonces estaba seguro que su aciago estado se disiparía.

En ese momento escuchó la encantadora risa que anunciaba la adorable presencia de Guanina. Tal como él lo anticipaba, al escucharla, todas sus congojas se aliviaron. Por la puerta abierta de par en par, la contempló extasiado. Ella cruzó el batey y subió de un paso los dos escalones, y se abalanzó en sus brazos que la esperaban abiertos y amorosos. La abrazó dulcemente y la estrechó contra su corazón, sintiendo que sus preocupaciones se desvanecían. En su pecho no podía reinar otra emoción que fuera más fuerte que aquel dulce amor. ¡La amaba tanto! Era un vínculo tan bello y tan íntimo.

Él sabía que la podía hacer suya cuando quisiera, pero felizmente se refrenaba. No deseaba terminar algo tan hermoso como lo que ellos mutuamente sentían. Para él, ella era su querida Guanina, la más hermosa princesa que sus ojos jamás habían visto. De sangre noble y gran alcurnia en su cultura. Más sensual que ninguna de las damas que él había conocido en España. Ella no tenía una idea de lo bella y lo graciosa que era. La inocencia la hacía tan hermosa a sus ojos, y por todo aquello, él no quería violar aquel íntimo sentimiento. Cuando la tuvo cerca, clavó su mirada en sus negros ojazos y esperó ansioso a tenerla en sus brazos y oír una vez más de aquella boca tierna, que le decía con el más dulce de los tonos:

-"¡*Sotomayol*!".

Él se derretía de amor...

-"Mi adorada Guanina."

Cristóbal Sotomayor nunca había estado enamorado, pero sabía conscientemente que aquella recién hallada emoción no era un simple devaneo. Era feliz con Guanina y la adoraba, y no deseaba cambiar aquel inefable sentimiento por nada en el mundo. Ya soñaba con llevarla a España y casarse con ella en la gran catedral, y celebrar pomposamente el gran acontecimiento. Sin embargo, no quería que ella cambiara en lo absoluto. De hecho, lo más que lo atraía de ella, era su modo de ser. En España la considerarían como una salvaje sin pudor, si la viesen semidesnuda y con una lanza en la mano. Pero él sabía que ese era su modo. Un acervo génico que Dios mismo había creado. Parte de una raza noble y sana, que por siglos había cultivado aquella cultura sin influencias extranjeras.

Su existencia era tan natural y tan acogida a la naturaleza como las mismas aves coloridas que, libres y felices, volaban en los contornos en libre albedrío. Además, era hermosa. Su cuerpo, aunque un tanto bajo, mostraba músculos fuertes y bien definidos, pero en perfecta y armónica simetría. Su piel era la más bella que había visto. Superaba aún la piel morena de las hembras moras. Era tersa y sin mácula, de color bronceado y resplandeciente. Su pelo negro y espeso, con un indomable rizo que siempre quería besar su frente. Su rostro pequeño y redondo, era perfecto complemento para su joven cuerpo. Su nariz pequeña y un tanto achatada, la hacía adorable. Sus labios carnosos, proyectaban una eterna sonrisa, dulce y cariñosa. Sus ojos negros, era lo más que él adoraba de ella. Eran grandes y claros, y ni ella misma sabía el poder que ejercían sobre él.

Le fascinaba oírla reír. Su espontánea risa era sincera, infantil y traviesa. Había aprendido el castellano casi perfectamente, lo cual demostraba una impresionante inteligencia. Sotomayor sabía de los ataques de los caribes, y cómo codiciaban las hembras taínas. Él se preocupaba mucho por eso, aunque sabía que si ella no estaba con él, su hermano Agüeybaná la protegía con celo.

-"¿Todavía te gusta el *calol*?", preguntó ella en tono burlón.

-"No me molesta en lo absoluto," respondió él con tono sincero. "Pero una brisa fresca, nos ayudaría un poco."

Ella lo miró con tierna comprensión y a pesar de que él trataba de ocultar su verdadero estado de ánimo, Guanina no lo pasaba por inadvertido. Lo conocía muy bien y podía leer en aquel amado semblante, la preocupación que él le trataba en vano de encubrir. Todavía prendida a su cuello le dijo sonriente:

-"Esta misma noche emprenderemos un viaje a lo profundo de la montaña y allá en lo alto, donde abundan los maricaos, mañana te mostraré el alivio al calor y a la pesadumbre que te abruma."

Él la miró sorprendido. No sabía si ella le pedía, o le ordenaba. Guanina adivinó lo que pasaba por su mente y bajó los ojos en sumisión. Él tomó el bello rostro en sus manos y sonriendo, le preguntó dulcemente:

-"¿De qué me hablas mi amor?

Ella contestó alegremente: "Si estás de acuerdo, quisiera que conozcas mi santuario, donde habitan mis dos Diosas favoritas."

Sotomayor, ahora curioso, la llevó de la mano y salieron al batey. Allí, con su mano extendida hacia la cordillera que se elevaba majestuosamente en el horizonte, le preguntó genuinamente intrigado.

-"¿Allá arriba?"

-"Sí, sí; por allí mismo."

Y le señalaba cierto punto en la elevada cordillera.

-"Guanina, mi amada, creo que eso sería peligroso y…."

Ella le puso uno de sus delicados dedos en la boca graciosamente, en aquella forma espontánea que él adoraba y que nunca podía predecir.

-"Allá arriba…", dijo ella acercando su rostro, "…no hay peligro, pues no hay españoles. Ellos todavía temen a la montaña."

-"Pero pronto estarán allí", dijo Sotomayor con un dejo de indignación.

-"Pronto reclamarán todas esas montañas y se harán dueños de todo."

-"Si lo harán", dijo Guanina calmada. "Pero aún no están allí. La montaña continúa siendo nuestra dulce madre, acogedora y protectora como lo fue para nuestros ancestros."

Sotomayor, adquiriendo un tono de prudencia le dijo:

-"Por esas selvas de seguro habrá animales peligrosos o quizá hasta taínos salvajes."

-"¿Taínos salvajes?," preguntó Guanina, mientras reía burlonamente.

Un tanto avergonzado, Sotomayor comprendió lo tonto que sonaría y también explotó en risa.

Guanina quiso tranquilizarlo del todo y le reiteraba con dulzura:

-"Esta isla solo contiene taínos como yo. Todos en esa montaña son mis amigos. Entre nosotros no hay guerras, ni pleitos, ni conflictos."

Aún favoreciendo la prudencia, Sotomayor preguntó:

-"¿Llevaremos guías que nos acompañen?"

-"No, mi amol, nosotros solos," dijo ella, mientras lo halaba tranquilamente por su brazo derecho, dirigiéndolo a la *hamaca* que colgaba entre dos árboles en un extremo del batey. Después que logró sentarlo en ella, Guanina ágilmente saltó a su falda y agarrándole el rostro, lo atrajo cerca del suyo. Sotomayor ya estaba preparado para rendirse. Porque sabía que era imposible resistir cuando ella tomaba aquel rumbo. Muchas veces antes, lo había hecho cuando deseaba algo importante para ella. El fingió resistencia, nada más que para verla actuando tan graciosamente y disfrutar de lleno de sus modos.

Ella pegó aquel bello rostro al suyo, diciéndole sin detenerse:

-"*Señol Sotomayol*, si *usté* lo *pelmite*, mañana nos levantamos mucho antes de que el coquí cante su última balada. Cuando aparezca el dios Sol, ya estaremos subiendo por la montaña."

Él le preguntó muy seriamente:

-"¿Conoces la ruta?"

-"Si *señol*, la sé," le dijo ella con las dos manos en la cintura como para acentuar su veracidad. "He caminado con mi hermano por todas esas montañas. Allá es que va él a cazar y a pescar en los ríos."

-"Dime, Guanina: ¿seré yo el primer español que sube allá?"

-"Sí, lo serás," le contestó ella y volviendo a coger su rostro con sus pequeñas manos, le dijo: "Antes que nuestra montaña sea invadida y herida por la codicia, quiero que sea visitada por alguien que la aprecie por su hermosura y vea su valor como lo hacemos nosotros."

Sotomayor, notó en sus ojos una determinación que no había visto antes y decidió que aquel viaje tenía todas las posibilidades de una gran y única aventura y le permitió a su excitación que se apoderara de él.

-"¿Qué necesitaremos para el viaje?", preguntó él.

-"Nada," dijo ella. "Yo llevaré mi lanza y tú procura que tu espada esté muy afilada."

Oyendo aquellas palabras, Sotomayor dejó entrever una leve sombra de preocupación en su rostro, que Guanina captó al instante y otra vez con aquella risa tan sincera y tan infantil, le dijo:

-"No tienes que preocuparte, tu espada no encontrará enemigos, pero sí mucha maleza. Y ahora te dejaré para que descanses unas horas. Yo iré a decirle a mi hermano adónde vamos."

Se alejó del batey, volviéndose una vez para decirle.

-"Adiós, mi amado *Sotomayol*."

-"¡*Sotomayorr*, hostia!," le contestó él, fingiendo un tono de reprimenda. Ella se plantó en el medio del batey con sus brazos en su cinturita y su azabachada cabeza echada un tanto al lado y también fingiendo gran altanería, le dijo con ronca voz:

-"¡*Sotomayol, hojtia*!" Y echó a correr mientras reía traviesamente. Él no pudo contener la risa y también rió a carcajadas.

En plena luna llena, la montaña se arropaba con aquel lienzo iluminado que la diosa plateada tiernamente le tendía desde el cielo. Danzaban las cúpulas de la arboleda al unísono, movidas por la brisa y, vagas y complacidas, iban al compás adonde el viento las llevara. Debajo de la fronda, sin embargo, los rayos de la luna apenas penetraban el denso bosque, pero se filtraban tercamente por el intersticio de las ramas ondulantes, lo cual hacía que danzaran fascinantes y traviesos. Las chispas de luz que parpadeaban y jugueteaban, ayudaban a disipar la calígine selvática y eran más que suficientes para que la princesa taína no perdiera el rastro de aquel antiguo sendero que al parecer solo se le revelaba a ella. Ya marchaban por horas y habían traspasado la enorme sabana. La suave brisa proporcionaba frescor a la noche, haciendo más suave su travesía. Más tarde necesitarían aquella energía que ahora ahorraban.

Todavía faltaba un tanto para la hora boreal, pero ya estaban ascendiendo por las empinadas veredas que los llevaría a la lejana cúspide. Ya Sotomayor podía mirar hacia atrás y maravillarse cómo allá en la baja superficie, la sabana se expandía enorme y serena, alumbrada espectacularmente por el magnífico plenilunio. También notaba y disfrutaba del cantar de los coquíes, que en el espesor de la montaña, era mucho más intenso y continuo.

Sin darse cuenta, el noble español sucumbía a la magia que lo rodeaba. Llenaba sus pulmones del aire fresco que brindaba energía y deleite. La suave brisa le regalaba olores y sonidos únicos que lo complacían. De vez en cuando llegaban a un abra, donde el límpido cielo, se manifestaba en todo su esplendor. Una miríada de estrellas titilantes complementaba la belleza del astro plateado tan claro y definido, que al parecer estaba tan cerca de la tierra que se podían tocar los cráteres de su superficie.

Habían caminado varias horas en la oscuridad cuando en la distante llanura en el este, comenzó a emerger una tenue luz. El astro sol ya estaba bostezando y se disponía a tomar su puesto, para que la luna bajara a descansar. Poco más tarde, los rayos de luz iban desgarrando la oscuridad.

Entonces como por magia, el firmamento adquirió una nueva personalidad, más bella aún que en la radiante noche. Las estrellas, admitiendo que no podían competir, despejaron el celestial proscenio para el acto próximo. Al unísono, como obedeciendo a una celeste señal, miles de aves diferentes comenzaron su matutino concierto.

Aún sin ser visible, el sol regalaba sus mágicos rayos haciendo alarde de su maestría, y ornó el grisáceo lienzo con un infinito abanico con brochazos de múltiples e intensos colores. Las absorbentes motitas de algodón sirvieron de coloridas nesgas que cubrían el cielo con mágicos colores. La deslumbrante arrebolada salpicó la fauna y las canoras aves alzaron el vuelo como hipnotizadas, buscando el flujo de energía que los tibios rayos proporcionaban. Cuando el áureo disco comenzó a emerger, ya la floresta era un tumulto de electrizante energía, donde todos los seres respondían a su manera para celebrar un nuevo amanecer.

Los coquíes, a su vez, siendo los fieles acompañantes de la noche, se esfumaron con ella. Ahora, en silencio contemplaban fascinados los hipnotizantes colores que los inducían a dormir acurrucados bajo la fresca fronda. Cerraron sus grandes ojos, no sin antes exigirles a los coloridos pájaros que continuaran la serenata hasta que ellos regresaran.

Habían llegado a un claro y Guanina se sentó cómodamente bajo el tronco de un gigantesco maricao que había cubierto el suelo inmediato con una dorada alfombra de amarillas flores y pequeñas frutas redondas; como anticipando su llegada. La princesa india haló por la mano a su adorado español para que se sentara con ella. Sin decir palabra, el aceptó feliz el receso. Llenaron sus ojos con la belleza del panorama que se extendía ante ellos. Él la abrazó dulcemente, agradeciéndole lo placentero del viaje.

-"¿Estamos cerca?," le preguntó.

-"Sí, mi *amol*. Cuando el sol esté en el medio del cielo, estaremos con mis diosas. Ahora con la luz del día, podemos caminar más rápido."

Diciendo esto, lo haló sonriente y reanudó la caminata, esta vez con el paso más aligerado.

Sotomayor no tenía problemas en seguirla. Él era muy atlético y estaba en buena forma física. Sin embargo, admiraba a su querida Guanina por su inagotable energía y acérrima voluntad, y por su afinidad y conocimiento de la montaña y sus vericuetos.

A media mañana, el hambre y la sed se hicieron presentes en el español. Ella, como adivinando sus pensamientos, lo guió hacia un hontanar. El agua fría y dulce de la grieta, lo revivió como por magia.

Al momento, asombrado observó como Guanina, con su afilada lanza en su diestra mano, mirando atentamente hacia arriba, comenzó a buscar entre las ramas de los árboles, como buscando alguna fruta madura. La encontró y el venablo surcó el aire certeramente y quedó clavado en una jugosa guanábana, que se vino al suelo con el impacto. Como de costumbre, la princesa no se jactaba de su gran habilidad, pero Sotomayor la observaba con orgullo y admirado de su destreza. La enorme y deliciosa fruta, fue más que suficiente para satisfacerlos. En minutos, reiniciaron la marcha montaña arriba. La vegetación se hacía más densa mientras más se adentraban. Ahora escalaban por pendientes o bajaban interminables riscos. En ocasiones, la taína le pedía que usara su espada para cortar los arbustos que se empeñaban en tratar de ocultar un pasaje antiguo y secreto.

Tal como Guanina había predicho, el sol del mediodía alumbraba radiante cuando llegaron a un caudaloso río que bajaba ruidoso entre las enormes rocas lisas. Prosiguieron río arriba hasta que Guanina encontró un pequeño sendero.

Ella se volvió hacia Sotomayor, y con alegría contagiosa le dijo:

-"Ya pronto estaremos ante el gran Teruc". Y adelantándose a su pregunta, exclamó:

-"Es el gran charco, el guardián de mis Diosas!".

Sotomayor, compartiendo su regocijo, la seguía a la vera del río, por una pequeña vereda que solo consistía en escalones en la pura roca, tallado por los siglos y los incontables pasos de pies descalzos. El verde oscuro limo que cubría la rocosa pared, manifestaba su eterna edad. Sotomayor dedujo mientras la seguía, que aquel sendero se había formado con el tráfico de generaciones de taínos que venían de pesca o a refrescarse en el gran Teruc. O quizás para algún acto ceremonial ante las Diosas a las que su amada se refería.

Estaba tan abstraído en su profundo discernir, que cuando Guanina lanzó un grito de júbilo, él se sorprendió y resbaló, y ante la risa de ella, casi cae al río, a no ser por las abundantes lianas a las que se aferraba. Rió con ella, pero al instante quedó en silencio al ver el motivo de aquel júbilo. Habían llegado al gran Teruc. En verdad era un hermoso remanso en el medio de aquel caudaloso rio. Un claro charco de muchos metros de circunferencia y de gran profundidad.

La montaña lo abastecía mediante una angosta y hermosa cascada que caía blanca y espumosa en su cabecera, deslizándose desde una gran altura por la negra roca que casi lo rodeaba. Añadiendo a su gran sorpresa, notó que allí había varios naborias que se encontraban tan sorprendidos como él. Instintivamente, agarró el mango de su espada, pero un gesto de Guanina lo contuvo.

Ella se adelantó y los saludó con la mano en alto. Al reconocer a la princesa, hermana del gran cacique, todos los naborias y las mujeres que los acompañaban, inclinaron sus cabezas en gesto de reverencia y respeto. Se inclinaron también ante la presencia de Sotomayor, pero esta vez, con el miedo reflejado en sus rostros, temerosos de aquel dios alto, blanco y barbudo. Tras una pequeña conversación con su amada princesa, los taínos recogieron sus pertenencias y después de hacer una gran reverencia al gran Teruc, partieron por el sendero marcado por sus ancestros, rumbo a su aldea. Como también era su costumbre compartir, dejaron sobre una roca parte de las suculentas frutas maduras que poseían. Los hombres cargaban sus arcos y flechas y las redes de pesca, mientras que las hembras, como era la costumbre, cargaban en sus cabezas, sin ninguna dificultad, las canastas repletas de la abundante pesca, frutas, y de la blanca yuca que por allí abundaba.

Guanina se volvió sonriente a su amado español, que a su vez miraba admirado como los taínos cruzaban tan ágilmente por aquellos angostos escalones.

Ella le dijo entonces:

-"Aquí te presento a nuestro amado Teruc, que nos proporciona alimento y recreo y, además, es el guardián de mis queridas diosas."

-"¿Y dónde se encuentran las diosas?", preguntó Sotomayor con sincero interés, mientras escudriñaba en vano los alrededores.

-"Están muy cerca, pero escondidas a nuestra vista. Pronto las verás."

Diciendo esto, la princesa se lanzó al charco, diciéndole:

-"Ven y refréscate".

Sotomayor no lo pensó dos veces. El sol meridiano y la humedad de aquella virgen selva, unidos al factor de que casi tuvo que correr toda la mañana para mantenerse al lado de la incasable taína, habían mermado su energía; por lo que su cuerpo caluroso, sudado y casi en estado de laxitud, pedía a gritos un merecido descanso.

Se despojó de su espada y su camisa y cómicamente trataba de mantenerse en pie mientras tiraba de sus largas botas de cuero. Logrado esto, se lanzó al agua de cabeza, emergiendo a los pocos segundos gritando a toda voz.

-"¡Hostia, pero que fría está el agua!"

Guanina, que ya estaba agarrada de su cuello, reía al ver la expresión en su rostro. El agua estimulante del gran Teruc lo refrescó y disipó su atonía.

Luego de un rato de pura diversión, la princesa taína, ahora adquiriendo un tono más serio le dijo:

-"Ahora vamos a mi templo. Sígueme."

Sin decir más, ella nadó decididamente hacia el lado izquierdo del enorme charco y al final, localizando unos diminutos escalones en la roca, comenzó a escalar, con gran agilidad, el imponente peñón que se elevaba verticalmente hacia una cúspide infinita. Sotomayor la seguía por la difícil escalinata, pero esta vez, un tanto perturbado. Nunca había escalado un risco tan peligroso.

Mirando hacia atrás, decidió que una caída sería, si no fatal, por lo menos muy dolorosa. La humedad y el limo hacían la superficie muy resbaladiza y solo contaba con su determinación para asirse a las diminutas protuberancias del demandante peñasco. Su reticencia disminuía al apreciar el denuedo de su querida taína, que subía con agilidad asombrosa.

A todo esto, él no quería que Guanina se fijara en el temor que quizá se reflejaba en su rostro y sonreía determinado cuando ella lo instaba. Sotomayor era consciente que en aquella cultura, la hembra veía al hombre como un ser superior y por eso la taína ni pensaba que él no era capaz de escalar con ella.

Después de muchos metros de altura, el noble español aún no distinguía lo que su amada llamaba santuario. Pero se alegró mucho de que ahora el sendero iba entre los árboles y aunque todavía vertical, las raíces y las lianas facilitaban el escabroso ascenso. Poco después, la taína lo guió hacia la derecha, siguiendo el invisible sendero que ahora iba horizontalmente y tras un pequeño recodo, al fin el español logró ver otra hermosa cascada.

Guanina no se detuvo, y ahora comenzó a bajar por otro sendero hasta que una nueva cascada se hizo visible. Esta se disputaba la belleza con su hermana, la de arriba.

Sotomayor, ahora más confiado, siguió a Guanina y, ya en tierra firme, observó el paraje y ya iba a comentar de la belleza a su adorada, cuando la vio allí, prosternada y adornante ante las dos cascadas.

La admiró, observándola con sus rodillas en el suelo y su hermoso cuerpo arqueado con la cintura hacia atrás, con sus brazos abiertos y su cabeza erguida y mirando el cielo, haciendo que su negro y espeso cabello formara una tercera cascada de brillante azabache. Los perfectos senos parecían retar en su esplendor a los altos picos que los rodeaban.

Él se acercaba a ella lentamente para no perturbarla, pero ella se volvió hacia él diciéndole:

–"Ven a mi lado mi amol, estas son las diosas que me dan paz y armonía. Cierra tus ojos por unos minutos y no hables. Ellas limpiarán tu alma."

El obedeció dulcemente y asumió la misma posición, cerrando sus ojos. En solo segundos, comprendió lo que ella quería decir. Al hacer silencio, sus sentidos captaron los maravillosos sonidos y la paz que lo rodeaban. Primero, la subyugante monotonía de las dos cascadas, acompañadas de los dulces trinos de cientos de pájaros que suavemente lo arrullaban en diferentes tonos. Además, el murmullo de la leve brisa que jugueteaba con las ramas y acariciaba su cuerpo suavemente.

Era un celestial concierto de infinita armonía que lo exponía al encanto de una paz que jamás había experimentado. Estaba en mundo desconocido y sublime Minutos pasaron y él quiso abrir sus ojos, pero temía que su adorada lo viera despierto antes de tiempo. A la vez, quería llenar también sus ojos de aquella infinita belleza y los abrió lentamente, como temiendo que hicieran el más tenue sonido. Miró a su princesa. Ella en éxtasis, se absorbía en su verde mundo. Como injiriendo la belleza y la energía que la rodeaba. Él la admiró como a otra hermosa flor de aquel panorama encantado. Otra vez, la imitó y sin moverse, comenzó a captar cada detalle.

La acogedora solitud, el aire fresco y puro, saturado del olor de incontables arbustos y flores silvestres. La inmensidad de aquella montaña virgen, que lo acogía en su propia entraña. Los enormes árboles de roble y maricao, pintaban la lozanía con nítidas pinceladas. Absorbía a plenitud el hipnotizante acorde que desvanecía las mundanas peripecias agobiadoras del alma. La mística inefabilidad de aquel paraje, le hizo comprender más a fondo, la pasión indubitable de su querida Guanina. A pesar de sí mismo, sintió celos de aquella cultura y su afinidad con la naturaleza.

Posó su mirada en las dos cascadas, que desde aquella perspectiva, semejaban brillantes madejas de cristal que provenían del mismo cielo azul y claro. Cerró sus ojos y se rindió ante el sublime encanto de aquellas diosas de paz y armonía. Tan absorto estaba, que se estremeció cuando sintió la delicada mano de su amada que de pie detrás de él, acariciaba su cabello. Sin decir palabra, se abrazaron. Sus miradas se encontraron y ambos sintieron algo inefable y hermoso. Sus sentidos se hicieron uno y mutuamente sucumbieron al llamado de incontenible pasión que aquel ámbito estimulaba en sus cuerpos jóvenes. El momento era tan apropiado, tan bello, que allí, con la bendición de las diosas, se hicieron el amor por vez primera.

La misma naturaleza que se había acicalado para recibirlos, la naturaleza, que maternalmente había nutrido y protegido a la joven princesa desde su infancia, se estremeció complacida al ver su taína favorita, convertirse en mujer allí mismo, en su regazo.

Luego, recostado cómodamente en la fina arena, Sotomayor se sentía el hombre más feliz del universo. Estrechaba en su pecho a la mujer más bella y sensual que había conocido y que lo miraba extasiada con aquellos ojazos negros que irradiaban puro placer. Él sabía, sin lugar a dudas que si moría allí mismo, la gloria que encontraría en el cielo sería dulce y bella, con todas las amenidades que la *Biblia* anunciaba. Pero pensaba sin embargo, que el paraíso celeste, nunca podría exceder la dicha de aquel momento, la belleza de aquel paraje, ni podría superar el encanto ni el esplendor del tálamo nupcial.

Villa Sotomayor, 1510

Habían transcurrido dos años. Ya Juan Ponce de León estaba establecido en Villa Caparra* en la parte nororiental de la isla, y había recibido el título de gobernador por su buen servicio a la corona. Cristóbal Sotomayor por su parte, siguiendo la sugerencia de su jefe, había logrado relocalizar su aldea de Távara*, y establecerse por completo en un nuevo y más amigable paraje. También había recibido de los Reyes el puesto de Lugarteniente como segundo del gobernante, y estaba a cargo oficialmente de la parte occidental de la isla.

Sotomayor estaba feliz, aunque su felicidad solo se basaba en el hecho que su amada Guanina acababa de dar luz. Esa mañana, el orgulloso padre sostenía delicadamente el precioso bebé que dormía plácido y tranquilo en sus brazos, mientras él lo mecía embriagado de ternura.

Las dos ancianas que habían asistido a la princesa, salieron sonrientes de la alcoba y por señas le indicaron que todo estaba bien y que entrara con el bebé mientras las dos salían de la cómoda casona. Guanina ya estaba de pie como era la costumbre taína, pero el hidalgo la forzó dulcemente a la cama y le colocó el varoncito en los brazos. Ambos estaban extasiados mirando la bella criatura que había abierto los ojos y, como taíno al fin, se negaba a llorar.

-"Se parece a ti", dijo el sonriente padre.

-"Ya tiene tu negro cabello y mira esos bellos ojos y esa adorable naricita achatada."

Los dos reían tan felices como nunca lo habían estado.

Los próximos días fueron de pura dicha para el joven español y su querida Guanina. Los nuevos padres no se separaban de la hermosa criatura que los dos procrearon, y que nació de un amor tan bello como profundo. Sotomayor estaba sentado en un banquillo que había mandado a fabricar en madera noble, utilizando el modelo del dujo y que era muy cómodo. En sus amantes brazos mecía al niño que sonreía encantadoramente.

Ya hacía mucho tiempo que no veía a su amigo Ponce de León y se alegró cuando un mensajero le trajo la noticia de que pronto visitaría su nueva villa. Los terrenos alrededor de la estancia eran más verdes y fértiles que en la pantanosa Tavara*. Un caudaloso río que bajaba fresco y claro de las cercanas montañas, desembocaba en el mar muy cerca de allí. Según Ponce de León, había sido allí donde Cristóbal Colón desembarcó años antes, y se aprovisionó de agua fresca para todos sus barcos.

La bendición de la naturaleza para los colonizadores, se convertía en maldición para los taínos, que eran usados más y más en la agricultura y en las minas. Aunque Sotomayor trataba de intervenir, no podía reglamentar el trato de los indios. Particularmente porque los reyes le habían otorgado el privilegio de ser el dueño de 600 indios, lo que incluía toda la aldea de su cuñado, Agüeybaná, *el Bravo*. Por esa razón no podía negarles a los colonizadores que usaran a sus súbditos para el trabajo duro. Aunque él trataba de persuadir al joven cacique para que entendiera lo necesario de la mano de obra que su gente aportaba, las tensiones crecían entre los dos.

Muchas veces marchó con él a los campos, para que fuera testigo de su intervención cuando los capataces se mostraban rudos con los taínos. Personalmente, él no aceptaba el maltrato de los taínos y hacía lo posible para protegerlos, pero las obras se alejaban más y más en las sierras. Allá le era imposible velar por el bienestar de sus protegidos y de controlar a muchos de sus compatriotas que ya consideraban a los taínos como una clase inferior y los trataban como simples esclavos. La avaricia por el oro era el principal motivo que tornaba a los codiciosos españoles en déspotas sin conciencia. Sotomayor sabía que ese fue el factor de las masacres en las otras islas y no permitiría que eso sucediera en Boriként.

Tenía el triste presentimiento de que su amistad con Juan Ponce de León sería puesta a prueba, si este venía a exigirle que les pusiera más presión a los taínos. Estaba preparado para defenderlos; pero en el fondo sabía que su intervención sería infructuosa.

Sotomayor recibió a su amigo felizmente en su amplio y cómodo caserón. Los dos hidalgos compartieron una botella de fino jerez andaluz, que Ponce de León le trajo como obsequio. Sotomayor, muy orgulloso, le presentó a su hijo recién nacido, que la hermosa Guanina traía en sus brazos.

-"Se llama Pedro, como mi padre. Me place que es varón para que multiplique el apellido Sotomayor."

-"Enhorabuena", dijo Ponce de León, tocándole suavemente la mejilla.

-"Es bello el niño; tiene los rasgos de su madre."

Guanina dejó la sala y se llevó el bebé, para que los dos hombres conversaran a sus anchas.

Hablaron animadamente sobre los acontecimientos y de las dificultades de la colonización, mientras consumían y saboreaban el añejo vino.

De momento, Sotomayor adquirió un tono más sobrio, y miró al gobernador directamente a los ojos.

-"Perdóname si ofendo nuestra amistad. Sabes que te aprecio y te respeto y que daría la vida por ti y por España. Te quiero hablar en favor de los indígenas. Por favor, permíteme desahogarme. Bien sé que en última instancia, será tu deber actuar y que harás lo que creas menester. Estoy muy frustrado con la situación de los taínos, porque veo que no mejora. Pero no puedo permitir que se repitan las barbaridades en las que tú mismo te viste involucrado en el pasado."

Ponce de León le devolvió la sincera mirada. Conocía la firmeza de su joven amigo y su decidido carácter y sabía que era inútil tratar de acallarlo. Además, necesitaba oír de alguien de confianza lo que él, supuestamente, les había hecho a los indios en la Española. Sabía de muchas atrocidades que el mismo ordenó, o atestiguó, pero surgían más historias que él mismo desconocía. Sabía que muchos dueños de fincas y minas, implantaban su propia justicia de manera implacable, mientras el Gobernador Obando se hacía de la vista larga. En aquel entonces, se necesitaba de toda la ayuda que se podía obtener para aplastar la rebelión.

Sotomayor continuó con voz refrenada, pero firme y al punto.

-"Se ha escrito, y yo he leído mucho de lo acontecido, y mi decisión de aceptar este puesto, fue basada en la idea de que yo podría hacer una diferencia. Sé cómo Colon traicionó la buena voluntad de sus anfitriones y el brillo del oro lo segó moralmente. Su gran hazaña se nubló con la ambición. Promovió el maltrato, y bajo su terrible ejemplo para someterlos, la vida de los nativos perdió todo valor. El oro tomó prioridad a todo costo. Aquella indefensa humanidad quedó a la merced de los perversos que se ensañaban con ellos. Colon permitió que como ejemplo, se le amputaran las manos si los cogían robando. ¿Quizá lo hacían porque tenían hambre...?"

-"Colgaban los indios o los quemaban vivos por cualquier falta. Descuartizaban a los niños frente a sus padres o dejaban que los perros feroces y hambrientos, los persiguieran y se los comieran en pedazos, estando aún vivos. Los raptos brutales y el ultraje de las hembras taínas, incluyendo las niñas. Las redadas sorpresivas y traicioneras en las aldeas con caballos y perros, causando terror e incontables muertes con armas superiores. ¡Cómo desarraigaban las familias y las vendían separadas como esclavos! ¡Cómo se ignoraban los suicidios o las muertes ocasionadas por las enfermedades que los mismos europeos traían a las islas! ¡Cómo invitaron a un grupo de caciques y prendieron fuego al caney, donde murieron todos!"

La voz del noble hidalgo estaba ya ronca y entrecortada cuando miró a su jefe desde la silla donde había desplomado su recia figura que ahora, derrotada, solo reflejaba frustración y desosiego.

-"Ahora tendré que traicionar esta gente, que con tanta confianza y nobleza nos recibieron en su hogar. Que no han levantado un dedo contra nosotros porque nos creían distintos y nobles. La misma aberración se cometerá aquí. ¿No es cierto? Por favor, dime que no lo permitirás."

Sotomayor sabía que sus quejas eran inútiles y que las manos de su amigo estaban atadas, como las de él mismo. Nadie escucharía las querellas de los taínos, ni las suyas propias.

Encontró aquella anomalía tan irónica. El nombre de aquella isla era San Juan Bautista y, como el mismo profeta, era una voz predicando en el desierto. Nadie la escuchaba. Su frustración se esfumaría en el mar que los rodeaba. Su sino ya estaba sellado.

Ponce de León entendía que no había palabras para ni siquiera aplacar o aliviar un poco el dolor de aquella cruenta realidad que su amigo acababa de exponer. Todo lo que decía era cierto. Ya algunos frailes lo habían documentado en sus legajos y crónicas. Lo que muy pocas personas sabían en España, era que él vivió y sufrió aquello en su propia carne.

Como Gobernador estaba en sus manos la acción a tomar. En aquel momento, por primera vez en su vida guerrera sentía duda, sentía temor por estar en aquel instante en la historia donde no cabía un buen fin para él. Viviría aquella horrible pesadilla una vez más, en nombre del progreso y la civilización. A él no le importaba enfrentarse a ejércitos entrenados y bien armados. Desgraciadamente, se vería de nuevo con su espada traspasando indios indefensos y desnudos; incluyendo mujeres y niños. Vería otra vez las aberraciones que bien había descrito Sotomayor, donde los indios estarían expuestos a toda clase de torturas para obligarlos a trabajar y a convertirse al cristianismo. Para obligarlos a aceptar un dios cruel, que permitió que su propio hijo sufriera un atroz tormento y que ahora, permitía la catástrofe que caería sobre aquella noble raza, que fue parte de su propia creación y que no tenía culpa ninguna. Allí no habría ganadores. El mismo dios Juracán, desatando toda su furia salvaje, no haría tanto daño en aquella indefensa población como la tormenta que estaba merodeando desde España misma. Era como un grotesco drama nacido de un autor diabólico, con un maléfico desenlace.

Compartía los sentimientos de su amigo; pero también sabía lo que la Corona exigiría, y como leal soldado, él tendría que obedecer. Conocía a Agüeybaná, el *Bravo*; conocía su valentía y el denuedo del pueblo oprimido. No quería decirle a su amigo que la carnicería sería peor que la de Cuba y la Española. Como no tenía más palabras para justificar la acción, Ponce de León optó por razonar a favor del futuro de la isla cuando los taínos fueran civilizados.

-"Cuando todo se calme, los enseñaremos a vestirse como personas civilizadas. Y sabrán de letras y religión."

-"Ellos tienen más religión que nosotros", le contestó Sotomayor un poco más calmado.

-"Son fieles a su naturaleza y son parte integral de ella. La respetan y la cuidan. Tampoco andan desnudos porque son salvajes. Mira cuántos cacicazgos hay en esta isla y cuántos millares y millares de indígenas. Sin embargo, conviven en paz y unión. Entre ellos no hay guerras, como las hay entre los supuestos países civilizados."

Sotomayor prosiguió en la defensa de los taínos.

-"No necesitan ropa para taparse. Son seres sin malicia y sin maldad. Dios así los creó, como creó a Adán y a Eva. Los animales de la selva, como los taínos, ni siquiera saben que andan desnudos. ¿Para qué cambiarlos? ¿Por qué no tratas de ponerle pantalones a un tigre o a un oso?"

-"Pero algunos usan taparrabo", dijo Ponce de León.

-"Para ellos, eso es simplemente un símbolo de superioridad", contestó Sotomayor seguro de lo que hablaba.

-"Son como el león, que solo usa su melena para demostrar supremacía y su rango en la manada."

Por último, Sotomayor preguntó con voz dolorida: "Dime, amigo mío, ¿qué puedo hace para proteger mi familia?"

Ponce de León lo miró compasivo, mientras le decía sinceramente: "Todos estos indios son tu propiedad. La

Corona te los cedió. Escoge los que desees, incluyendo a Guanina y a tu hijo, y envíalos a las montañas; a lo profundo de la sierra. Allá nadie los tocará; te lo prometo."

-"Gracias por la advertencia. Así lo haré si llega el momento", respondió Sotomayor, ya sufriendo ante aquella ineluctable posibilidad.

Ponce de León pensó por un instante, como poniendo sus pensamientos en orden, y de momento se volvió hacia su amigo con rostro grave. Su mano derecha descansaba como de costumbre sobre el mango de su espada y la izquierda semi alzada, mostraba su mano con el dedo pulgar sobresaliente, y la movía con un gesto de determinación y amenaza.

-"También te prometo…", le dijo asertivamente, "…que si algo te pasara a ti, mi amigo querido, mi venganza será total y absoluta. Vendré aquí con todo mi ejército y no tendré compasión. Al primero que perseguiré como responsable, será al cacique Agüeybaná."

Sotomayor no pudo decir nada. Las proféticas palabras quedaron suspendidas en el aire. Para cambiar por completo la desagradable conversación, Ponce de León salió de la casona, pidiéndole a su amigo que lo acompañara.

-"Te felicito", le dijo sinceramente. "Tu villa se ve muy bien. Has hecho un buen trabajo. Es mucho mejor que aquel pantano de mosquitos de Távara. ¿Ya la bautizaste con algún nombre?", inquirió

-"No, no lo he pensado", dijo Sotomayor, ahora con su acostumbrada calma.

-"Pues se llamará, la villa de Sotomayor"*, dijo Ponce de León con mucho orgullo. "Se merece que lleve tu nombre."

-"Gracias, me confieres un gran honor", dijo el hidalgo. "Me gusta mucho este sitio, y ya estamos trabajando los huertos y cosechando en abundancia."

-"¡Excelente!, exclamó el gobernador. "Quiero que comiences a producir el pan de la yuca, que los indios hacen muy sabroso y se vende muy bien. Inmediatamente le pediré a la Corona que ordene que todos los barcos paren aquí para abastecerse del agua fresca que tienes en abundancia. Les venderás el pan y otros frutos, y esto ayudará a pagar nuestros tributos. El oro que extraigas de las minas, me lo envías. Ya tengo una fundición montada."

Al día siguiente, por la tarde, Sotomayor alzaba su mano para despedir a Juan Ponce de León, que ya se alejaba en su barco rumbo a la villa de Caparra. Desde estribor, Ponce de León también decía adiós, respetando la pena que su amigo sentía. Sotomayor, sin embargo, se sentía sumamente triste, viendo la nao con sus blancas velas perderse a lo lejos en el inmenso azul que parecía besar el claro cielo en la distancia. Lo consternaba la noción de quedar allí solo con toda aquella responsabilidad y los irremediables problemas que se vislumbraban. Pero también sentía un nudo apretándole el corazón, porque tenía el presentimiento de que aquella sería la última vez que compartiría con su amigo, y que nunca más lo volvería a ver.

*villa Sotomayor: Aguada
*caparraterra: Guainabo

Salcedo y su Látigo

El desapacible sonido del látigo se escuchó agudo y estridente, seguido de inmediato con otro sonido. Este, de dolor y rabia, provenía del desdichado taíno que se retorcía en el suelo con varios verdugones que se extendían largos y abrazadores en su piel desnuda.

-"¿Alguien más desea probar mi látigo? ¿No? ¡Pues a trabajar como es debido!", vociferó Diego Salcedo, con voz altanera y odiosa. Un grupo de cuatro indios obedecieron amedrantados y temerosos, y continuaron halando el enorme tronco que estorbaba para la siembra de yuca. El ardiente sol los abatía despiadadamente y el brutal trabajo los debilitaba, pero el cruel látigo los obligaba a proseguir, aun sin la vitalidad necesaria para la ardua tarea.

A Diego Salcedo nada le importaba. Se le había encomendado un grupo de indígenas para ese tipo de labores, los cuales los colonizadores hallaban excesivos. Anteriormente estaba encargado de la supervisión de las minas, lo cual hizo por meses. Pronto encontró que era muy aburrido el contemplar la monotonía de los indios. Estos, simplemente, llenaban pesadas canastas de barro en las orillas de los ríos y las quebradas. Luego las cargaban por empinados riscos hasta donde había otro grupo cerniéndolas, en busca de un elusivo grano de oro que casi nunca se hacía ver. Salcedo no tenía escrúpulos, pero a él mismo le molestaba ver a los indios embarrados de barro de pies a cabeza, cargando el apestoso lodazal en canastos de 40 kilos.

Prefiriendo el campo abierto a los fangosos riscos, se las arregló para ser el capataz de los indios labradores, a los que podía empujar y dominar a su gusto.

Estaba convencido de que su autoridad estaba justificada y no había espacio para la lenidad. El acémila y lerdo indio era, además de inepto, vago y desobediente; y era su deber adiestrarlo. Como a las buenas no respondían, su largo y e implacable látigo producía los esperados resultados. Sabía que los indios lo odiaban, pero se sentía poderoso e intocable. Después de todo, él era un Dios inmortal. Estaba feliz y en la cúspide de su empresa. Nunca había soñado que estaría al mando de serviles esclavos y de hermosas hembras que andaban desnudas e indefensas ante sus requiebros perversos. Saboreando su poder, iba por el abierto campo, haciendo sonar el pavoroso látigo. Gozaba en su interior, mirando las decenas de indios que al verlo venir, apresuraban su paso en las intensas labores.

Una mañana, un mensajero de Sotomayor le informó que el jefe en persona necesitaba verlo. Sin perder un segundo y diligente como de costumbre, se presentó ante el caudillo presintiendo un buen regaño de su jefe, que era conocido por defender los derechos de los indios. Ya hilvanaba en la mente varias mentiras, como posibles excusas.

Sotomayor despreciaba aquel soldado mal tratante de indios, y ya en varias ocasiones lo había recriminado por su crueldad. Desgraciadamente, tenía que contar con él para los trabajos más rudos, ya que siempre producía más que nadie y podía confiar en él por su tenacidad y determinación. Por esa razón lo escogió para enviarle un mensaje urgente al

Gobernador. Tenía que dejarle saber que la situación con los taínos iba empeorando. Temía que la insurrección fuera inminente, ya que mientras más los indios rehusaban trabajar, más eran los latigazos y los vejámenes que recibían en las lejanas minas donde él no podía protegerlos. Necesitaba la protección de más soldados, ya que los pocos que había por el momento, no serían capaces de repeler cualquier ataque.

Sotomayor lo recibió con rostro grave, pero no mencionó nada de su maltrato hacia los indios.

-"Mañana temprano saldrás para la villa de Caparra y le entregarás esta misiva a Juan Ponce de León en persona. Escoge seis naborias para que te acompañen."

La muerte de salcedo

Salcedo se sentía muy feliz y complacido. Aquel viaje a Caparra seria arduo pero ahora, contrario a ocasiones anteriores, no tendría que cargar nada en sus espaldas; ni tendría que abrirse paso con su espada por la densa vegetación. Esta vez, llevaba seis naborias que lo harían todo por él. Seis esclavos que lo obedecerían como el gran jefe que ahora era.

Mientras caminaba junto a los indios, reflexionaba sobre cómo su vida había cambiado. En España era un insignificante truhán. Ahora, gracias a su dedicación, era un soldado de la Corona y tenía a su cargo muchos indios e indias miserables. No se arrepentía de haber traicionado o de haber puesto en malas a sus compañeros de las minas. Lo importante era que ahora él ejercía un mando más alto que ellos.

Tampoco tenía escrúpulos para empujar los taínos hasta el límite, para que produjeran más. Esa era la orden real y, por lo visto, la Corona estaba complacida con su trabajo. Además, Sotomayor, en persona, lo había elevado a la posición por la que luchó tanto. Ahora, para aumentar su gloria, fue escogido para llevar un mensaje y unos víveres a Juan Ponce de León, nada menos. No podía contener su euforia y su orgullo, pensando en toda la importancia que ahora poseía y el gran respeto que se le daba. Consideraba que cuando alguien escribiera la historia de aquella isla, su nombre sin lugar a dudas sería mencionado, y la gente en el futuro hablaría de él y de su contribución, junto con las de Cristóbal Sotomayor y Ponce de León. Ahora mismo tenía el buen presentimiento de que siendo él, el enlace entre los dos hombres más poderosos de la isla, aquel viaje tendría relevancia en su historia.

Así, fantaseando sobre su poder e importancia, caminaba Salcedo por la angosta brecha, siguiendo los indios que delante de él, cargaban sus canastos obedientemente. Después de caminar todo el día, se encontraron en el yucayeque de Urayoán, el cacique de aquella región*. Este los recibió muy amigablemente, ofreciéndoles hospedaje y un buen descanso para que pudieran continuar al día siguiente el largo viaje. Salcedo no se hizo de rogar y pernoctó allí sin reticencia alguna. Orgullosamente, pensaba que su importancia ya era muy conocida, cuando el mismo cacique lo trataba con tanto y merecido respeto. Comió y bebió a su gusto y luego mientras descansaba complacido en la jamaca, componía algunos versos.

> Esta raza tan salvaje,
> creen que soy inmortal.
> nunca me tratarán mal
> temiéndole a mi coraje
>
> Los tontos jamás sabrán
> que yo sí puedo morir,
> si lo logran descubrir
> solo Dios sabe que harán

Pero eso nunca ha de pasar
porque aunque son muy valientes,
serán mansos y obedientes
y así deben continuar.

Dos días estuvo allí Salcedo, disfrutando de la hospitalidad del Cacique, que lo trataba como el gran personaje que era. Al partir, Urayoán insistió en que algunos taínos de su aldea, lo acompañaran para que fuera más seguro en su agotador viaje. Horas más tarde, en pleno resistero, arribaron a la orilla del rio Añasco.

Salcedo se disponía a vadear el río como lo hacía de costumbre. Para su grata sorpresa, dos fornidos taínos se ofrecieron amigables y sonrientes a cruzarlo en brazos para que no se mojara. Cruzando sus musculosos brazos, formaron una silla, donde Salcedo muy complacido, se acomodó. Su alma rebosaba de alegría. Aquel gesto reiteraba su convicción de que era un gran señor, y aquella era su merecida recompensa. Se hallaba pues, en el cénit de su gloria.

-"Ah, si Florencio, que Dios maldiga, me viera ahora...", pensaba cuando cruzaba aquel profundo río en brazos de los taínos, que ni siquiera permitían que sus pies se mojaran. Contempló el bello paraje y conmovido, miraba la hermosa corriente del ancho río. Comprendió entonces, que esas eran las aguas que él veía en tantos de sus sueños. Seguro ya de que sería una indeleble figura de la historia, pensó que en aquel mismo paraje, quizá le erigirían una estatua de bronce para marcar el sitio exacto donde cruzó tan triunfante, el río* que él haría famoso.

Como posando para la estatua, se irguió solemne, extendiendo su brazo derecho, señalando el punto fijo donde su historia obtuvo su álgido momento. En un arrebato de bondad y agradecimiento, lo cual era muy raro e inconcebible para él, compuso unos versos para aquellos taínos que lo trataban tan bien.

Esta raza boricana
tan bella y tan bondadosa
víctima de la impiadosa
avaricia castellana.

Lo invadieron en su playa,
usurparon su nación
y hoy lleno de indignación
como un esclavo se halla.

A mí me duele pensar
que lo engañen de tal manera
y algún día si yo pudiera,
sé que los voy a ayudar.

En el medio del río, donde el agua era más profunda, se conmovió otra vez cuando sintió que el abrazo de los taínos se hizo notablemente más fuerte como para protegerlo aún más de la corriente. En el próximo instante, sin embargo, se vio completamente sumergido en el agua y los cuatro hercúleos brazos se convirtieron en garfios de acero que lo mantenían bajo la superficie, pese a su impetuoso esfuerzo por liberarse.

No tardó mucho en darse cuenta de la aplastante realidad. Cesó de luchar para que su oxígeno durara unos segundos más, dándole así la oportunidad de pensar. Sus pensamientos fluían con la velocidad de un rayo. Primero le pidió perdón a Dios, pero al mismo tiempo dudaba de si sería posible obtenerlo, dado el caso que él había maltratado tanta gente. Especialmente en aquella isla, donde los taínos sufrieron tanto bajo su látigo y su injustificado vituperio. También pensó en lo estúpido que fue él mismo, ya que, cegado por su propia ambición, había caído en una trampa tan simple. Pudo haber leído las señas tan palpables. Como el hecho de que el cacique Urayoán le ofreció como compañía, a los taínos más corpulentos y forzudos que él había conocido. Y cómo no se percató de las falsas sonrisas y las amabilidades que le ofrecían, sabiendo lo mucho que lo odiaban.

Los perdonó y los admiró por haber tomado aquella decisión que demostraba inmensa valentía. Por desafiar un Dios poderoso que venía de otro mundo y sabiendo que quizá las represalias serían horrendas. Ahora se percataba claramente del daño que los españoles habían causado a aquella raza noble que tanto los resentían, que al fin, optaron por el deicidio.

Por primera vez pensó en los diminutos Dioses que de los cuellos de los taínos colgaban. Pensó en la ironía. Aquel cemí, representado en aquella lítica miniatura, era más poderoso para el taíno que toda la religión cristiana a la que lo querían transmutar. De ahí su convicción y su denuedo.

Ya casi sin aire en los pulmones, Salcedo quiso mirar aquel mundo que dejaba. Los rayos del sol, penetraban las cristalinas aguas del río Añasco, formando un cromático encantador. Lo halló bello y fue en ese instante cuando descifró el misterio de su vida. Esas eran las aguas que lo perseguían en sus sueños. Poco se imaginaba que las vería en su postrer momento y que serían el umbral que lo transportaría fuera de este mundo. Exhalando su último hálito, compuso su poema final. Y así, se acogió en los brazos de la muerte con la satisfacción de que su poesía llevaba la perfección que solo un poeta experimenta cuando hace un verso bueno. Perfecto en métrica, en rima, conciso e inteligible. Ya ni un sonido salía de su boca, pero las leves burbujas que emanaban de ésta, subían precipitadamente a la superficie, como ansiosas de verter al aire en un vacuo gemido, el último pensamiento del taimado español.

De Salcedo se hablará un día,
Y mi historia tendrá fama.
Pero esta ya no proclama.
La gloria que yo quería.

Salcedo ha quedado inerte.
y no dirá el historial,
que fui el último inmortal
y el primero en hallar la muerte.

Yo anduve en estos caminos,
y el legado que les dejo,
es que fui el primer pendejo,
que mataron los taínos.

A la orilla del río donde los taínos pusieron su cuerpo, Salcedo yacía inerte. Era la primera vez que ellos veían un español sin vida. Los más valerosos, los que habían llevado a cabo aquella extraordinaria hazaña, lo contemplaban algo retirados; como para tener la oportunidad de escapar, si él se levantaba buscando venganza. Varios de los otros taínos, cuando notaron la lucha en el agua, soltaron los canastos de víveres y se desbandaron por el monte vecino. Tal fue el terror que los poseyó. Ellos creían rotundamente en la ira que provocaría aquel intento de hacerle daño a un poderoso Dios inmortal. Creían que volvería a la vida tres días más tarde, desatando una terrible y feroz venganza. Ya ocultos en el monte, optaron por rezar desesperadamente y a pedirle perdón a Dios como les habían enseñado los jesuitas españoles.

Entre tanto, los bravos guerreros, viendo que el español no se movía, aunque lo empujaban cautelosamente con sus lanzas, se armaron de valor y lo ataron con bejucos. Así, si Salcedo se recuperaba, tendrían la ventaja de esquivar su ira. Lo halaban sigilosamente con las largas lianas, manteniendo una distancia cautelosa. Detrás de ellos y también distanciados, se encontraba el resto del grupo, esgrimiendo sus lanzas, y con sus arcos y flechas listos; dispuestos a defenderse si fuese necesario.

Regresaron a la aldea, donde Urayoán los recibió con poco reprimida satisfacción, siendo él también muy cauteloso. Lo velaron por tres días consecutivos. El día tercero fue crucial, porque según la doctrina cristiana, era cuando los Dioses españoles volverían a la vida por lo que, llenos de miedo, lo contemplaban desde lejos. Pero el calor y la humedad ya hacían que aquel cuerpo se fuera deteriorando. Las moscas y las hormigas lo cubrían y los gusanos ya lo devoraban. Cuando el hedor era insoportable, se convencieron que aquel ser tan despiadado, era tan humano y frágil como ellos mismos.

Ignorando el horrible vaho, danzaban y ululaban alrededor del cadáver; celebrando la victoria más dramática y formidable en sus historiales de guerra. Aquel trascendente suceso se uniría definitivamente a su historial. Los taínos no tenían una lengua escrita, pero aquel acontecimiento se relataría en todos los areitos venideros, donde la historia taína fuera relatada por los ancianos. Habían derrotado al último de los inmortales. De ahora en adelante, los españoles serían tratados como simples personas: mortales y sin poderes, y que morirían de un flechazo o un macanazo.

El cacique Urayoán en persona, agarró el gran caracol y se subió a una alta loma, donde lo sopló con toda su fuerza pulmonar. El profundo sonido se escuchó a una gran distancia y fue captado por Agüeybaná, el *Bravo*, que en la cúspide de otra montaña, había esperado también ansiosamente por los tres cruciales días. Su corazonada y su plan habían sido perfectos. Semanas atrás, él y Urayoán se habían reunido para urdir el atrevido ataque, y se mantenían en contacto para ejecutarlo cuando llegara la primera oportunidad. Ésta vino cuando Sotomayor envió a Diego Salcedo sólo con sus naborias, a un largo viaje por la Sierra. Esto no pudo ser más perfecto para el bravo Cacique, que odiaba sobremanera al cruel español que maltraba tanto su gente.

De inmediato envió uno de sus mejores corredores que se adelantó a la caravana de Salcedo, y se lo informó a Urayoán. Como fue convenido, este escogió seis de sus más fornidos y atrevidos guerreros, y los envió al paso del río que tenían que cruzar. Allí practicaron la maniobra para que todo saliera bien. El valor de estos guerreros era indiscutible. Todos eran más altos de lo común y de musculosos cuerpos. Pese a su poderío físico, le temían a los poderes de aquel Dios que se acercaba y que ellos tenían que enfrentar solos; pero poseían la indomable sangre taína, y se jugarían la vida si era necesario.

Ya algunos de sus indios habían regresado donde Agüeybaná despavoridos, y le contaron lo que había sucedido. Él los calmó y los escondió de Sotomayor.

Después de los tres días convenidos, escuchó con placer la señal que la brisa le trajo. Fue entonces cuando el pecho del gran Agüeybaná, el *Bravo,* se hinchó de aire, y sonó con contundencia su propio caracol en lo alto de aquella montaña, en su vasto territorio de Guaynía. El ronco y profundo eco, resonó triunfante, y en su baja y grave nota, divulgó al viento como un preludio de algo indefectible. Unos minutos después, cuando la brisa cargó el primer mensaje, la isla de Borikén fue inundada con los ecos de los sonoros caracoles que anunciaban la victoria.

*Region de Añasco
*Rio grande de Añasco

Juan González en Otoao

Juan González sabía que algo grande iba a ocurrir. Los caracoles habían sonado temprano esa mañana y él los escuchaba muy atento, ya que los sonidos que viajaban cargados por el viento, siempre traían o enviaban algún mensaje. Le había tomado largo tiempo y mucha concentración descifrar los mensajes que la rosada concha emitía. La población indígena siempre respondía al llamado del caracol de diferentes formas y él, en su constante afán, deseaba saber cómo los indios sabían interpretar el ronco y grave sonar que, para él, siempre sonaba igual. El sonido de hoy sin embargo era diferente. Se repetía en intervalos y duró más de una hora. Trató de indagar sobre su significado con los indígenas con los que él compartía, pero fue en vano. Como él ya sabía muy bien, este grupo de naborias con los que trataba, eran de la clase baja de la tribu. Como en todas las sociedades, estos representaban a los marginados y no poseían conocimiento de nada importante. Usualmente, tras el sonido, se iniciaban las preparaciones para el areyto; y este podía ser festivo o de suma gravedad, como lo fue cuando murió el gran cacique. Esta vez no hubo areytos y la vida prosiguió con normalidad; pero Juan González tenía un mal presentimiento.

En esta ocasión decidió llegar hasta donde Sotomayor para informarle lo que acontecía y, de ser necesario, planear la estrategia a seguir.

Semanas después, los caracoles volvieron a transmitir su mensaje. Ésta vez el intérprete captó el mensaje de inmediato. Era, sin lugar a dudas, una convocatoria caciquil. También dedujo, observando a Agüeybaná, el *Bravo*, que la reunión sería fuera de su territorio, por las preparaciones que prosiguieron. Comportándose idénticamente y conviviendo en la aldea con los naborias, Juan González había logrado que los indios lo aceptaran como a uno de ellos, en parte porque su tez bronceada y su pelo negro lo hacía algo diferente a los demás españoles. Siguiendo las instrucciones del jefe, se las arregló para unirse al grupo que hacía las preparaciones para el largo viaje. Muchos de los indios empacaban sus *jamacas*, lo que indicaba que pasarían muchos días fuera. Llegado el momento, colocó en su cabeza una de las canastas que para estos casos los naborias cargaban con pan de yuca y otros víveres que se consumirían en la caminata; y comenzó con ellos un largo recorrido por las intrincadas sierras penetrando tierra adentro por la cordillera que dividía la isla.

No tardó Juan González en reconocer que se dirigían hacia la región de Otoao*, donde reinaba el cacique Guarionex . Se alegró de ello, porque ya antes, había estado allí y el lugar era hermoso, con un inmenso batey en el cual había participado de un gran areyto.

Dos días después, llegaron al yucayeque del Cacique Guarionex, que estaba antes de llegar al gran batey. Los dos Casiques se saludaron efusivamente al estilo taíno. Inmediatamente los dos se internaron en el caney con algunos otros caciques que ya habían arribado. Llegada la tarde y tras una corta caminata, arribaron al sitio principal.

Juan González volvió a disfrutar el espléndido paraje. En el lenguaje taíno, que él conocía muy bien, Otoao quería decir entre montañas, y no se equivocaba. Toda aquella comarca incluyendo el parque ceremonial estaba completamente rodeada de montañas esplendorosas con una lozanía de intenso color verde. El enorme batey que según los ancianos, ya estaba allí por siglos, se extendía en forma rectangular por muchos metros. Un impetuoso río, bajaba caudaloso y violento al margen del centro ceremonial. Al frente del gran batey, en las cercanas montañas, dos de ellas sobresalían altas e imponentes, formando dos agudos picos, donde habitaban los Dioses taínos. Ya Juan González había visto muchas esculturas de piedra, grandes y pequeñas, representando aquellos dos picos, que eran los cemies más sagrados y adorados por los taínos.

El batey estaba completamente rodeado con cientos de piedras talladas y nítidamente alineadas, y decoradas artísticamente con distintas representaciones de la cultura y la historia taína. Muchas de las rocas eran enormes, pesando toneladas. Se distinguía entre ellas, la Diosa Atavey, que era la madre del Dios principal, Yocahú y muchos cemíes que eran los emisarios de los Dioses principales. También, tallados o dibujados en las piedras, había diversos Dioses que representaban cada fase en la vida cotidiana, como Guabanex, Dios del agua y los vientos, Boinayel, Dios de la lluvia, y Caguana, Diosa de la fertilidad.

Alrededor de esta enorme plaza, había otros bateyes y edificaciones más pequeñas y de distintos diseños. Juan González no sabía su uso o significado, pero esperaba averiguarlo mientras se celebrara este areyto. Como buen observador y estudioso de aquella inteligente cultura, se le hacía notable que aquel ancestral batey era en realidad un templo sagrado. No era coincidencia que estaba ubicado frente a las dos sagradas montañas, donde vivían los Dioses que regían sus vidas. Juan González también observaba los rostros de los allegados, y notaba, con preocupación, que no exhibían signos de alegría o celebración. Pronto dedujo que aquello no era un conciliábulo común, que la sombría actitud era un negro presagio de algo horrible y que no querían que los españoles se enteraran. Aquel importante templo taíno era desconocido de los invasores, dada su ubicación en el corazón mismo de la sierra.

En cuanto cayó la noche, alumbrada solamente por el destello de miles de estrellas, el apacible cantío de los coquíes sucumbió por completo ante el sonido de los tambores que irrumpieron la usual calma de aquellas vírgenes selvas. Las prístinas montañas de vegetación densa y abundante, se regocijaron una vez más como lo habían hecho por siglos anteriores. El ancestral areyto que se pasaba de generación a generación, continuaba intacto por la constante narración de los ancianos que grababan e inmortalizaban los sagrados detalles en sus cánticos y bailes rituales.

En el medio del batey, una enorme fogata ardía en llamas espirales que lamían la oscuridad y hacían lo posible para subir a un cielo inalcanzable, mientras ondulaban y chispeaban. Los indios ya bailaban alrededor de ésta, enardecidos con una bebida que ya estaban consumiendo desde más temprano. Esta vez no había mujeres, solo guerreros que en salvajes movimientos se incitaban a sí mismos, dejándose consumir por un primordial sentimiento de guerra y de lucha. Esta vez, el baile solo tenía un propósito: llevar los sentidos a un estado de bélica resolución.

Juan González bailaba y gritaba con ellos, pero fingía la embriaguez. Necesitaba estar ebrio para captar lo que acontecía a su alrededor. Los ancianos, como acostumbraban, dirigían el baile ritual al compás de los tambores, mientras cantaban la historia y los acontecimientos pasados y presentes. Los indios jóvenes los seguían y repetían el cántico al unísono.

Lo que Juan González escuchaba en el cantar, erizó los pelos de su nuca y tuvo que hacer un gran esfuerzo para mantener su compostura. Los ancianos relataban en el rito, cómo un odiado invasor, que maltrataba los indios cruelmente, había sido ahogado, y que a los tres días, su cuerpo no resucitó y que los gusanos se lo comían como a cualquier mortal. El canto proseguía: "Muerte a los falsos Dioses, muerte a los falsos Dioses."

El intérprete ya veía la gravedad de la situación. Ahora entendía claramente el significado de aquellos caracoles que se comunicaban entre sí unas semanas atrás y que hasta ahora no había podido descifrar. Todo era claro: una funesta nube se advenía sobre Borikén. Los españoles ya no eran inmortales. Los indios eran muy supersticiosos y creían y temían a las deidades. Ahora ese no era el caso. Ya no eran Dioses los que enfrentaban. Eran solo humanos como ellos, y los bravos taínos no conocían el miedo cuando su aguerrida sangre se enardecía en el combate.

En los patios adyacentes al gran batey, se hallaban grupos de nitaínos* y bohíques ejecutando extraños rituales. Entre ellos, los ancianos y los curanderos fumaban tabaco por medio de una pipa en forma de pequeña horqueta ahuecada que se introducían profundo por ambas cavidades de la nariz. El polvo de la hoja del cojobo, los hacía alucinar y sus almas volaban a una dimensión desconocida en donde encontraban sabiduría para ejecutar los planes que los llevarían a la victoria.

Juan González, que ya temblaba de miedo, se horrorizó aún más cuando observó a Agüeybaná, el *Bravo*, y a

Guaironex, los dos Caciques principales, danzando y ululando eufóricamente, mientras miraban de frente a las dos sagradas montañas. Evidentemente, tras de fumar la sagrada pipa, el tabaco les produjo una contestación afirmativa a su llamado de guerra y ahora, seguros de la victoria, proclamaban la muerte a todos los invasores. Agüeybaná era el más vociferante y blandía su intimidante hacha, agresivo y determinado. Los demás indios aseveraban y respondían a su llamado de venganza y se unieron a él en un baile de orgía de odio y determinación en contra de la desapacible y flagrante invasión.

A pesar del mortal peligro que ahora asechaba a todos los españoles, incluyéndolo a él, Juan Gonzalez no menoscababa el acervo del gran taíno. En realidad no lo culpaba ni lo odiaba. Al contrario, sentía gran admiración por el valiente adalid, que asumió el liderato convocando a todos los Caciques de su querida isla y que estaban bajo su comando, a que se unieran a él, para despojar su tierra de aquella plaga dañina, aún a pesar de que todas las probabilidades estaban en su contra. Juan González habría dado cualquier cosa porque la situación hubiese sido diferente y él hubiera podido pelear junto a los taínos para proteger su modo de vivir y echar de la isla aquel maldito invasor que solo llegó allí para trastocar su pacífica y tranquila existencia.

El intérprete había aprendido a apreciar aquella cultura con la que había convivido por tanto tiempo. De hecho estaba más feliz entre ellos, absorbiendo su vernáculo y su telurismo, que compartiendo con sus propios compatriotas. También sabía que aunque ellos lo aceptaban; ahora las circunstancias eran muy distintas, y su vida peligraba como la de cualquier otro español. Si se quedaba allí con ellos, en el estado de embriaguez en que se hallaban, y estando ahora tan belicosos, podrían verlo a él como la primera víctima, y tembló de miedo ante las horrendas posibilidades. Allí mismo decidió escurrirse inadvertidamente y poco tiempo después, entre la calígine del monte umbrío, corría desnudo por el mismo sendero que lo trajo hasta la elevada sierra.

Dos días después, exhausto, comido por los mosquitos, y hambriento, llegó a la casona de Sotomayor, quien se sorprendió al verlo venir en tan penoso estado.

-"Mi noble señor...", le dijo sin preámbulos. "Los indios han ahogado a Diego Salcedo y han descubierto la gran mentira sobre nuestra inmortalidad. Agüeybaná, el *Bravo,* ha convocado sus caciques y en estos mismos momentos están planeando un ataque. Señor, ¡nuestras vidas corren peligro!"

Sotomayor no se asombró con la grave noticia, pues no le era del todo inesperada. Ya había escuchado los caracoles y tenía el presentimiento de que no anunciaban nada bueno. En vano trató de calmar al intérprete que seguía repitiendo:

-"¡Vámonos antes de que regresen de aquel lejano lugar y nos ataquen! ¡Por favor, mi señor..!"

-"Sí, lo haremos", dijo el hidalgo. "Pero no inmediatamente; primero tengo que planear, y créeme, no trato de refutar tu historia, pero hay muchos detalles que quizá tú no entiendes."

Juan González se alejó del caserón muy preocupado, pero tenía que obedecer a su jefe y esperar sus órdenes. En la alcoba contigua, Guanina, que lo había escuchado todo, lloraba tristemente mientras abrazaba con ternura a su hijo.

*Utuado

Decisión de Guanina

Sotomayor reflexionaba y planeaba desesperadamente. Vislumbraba tantas escenas; y todas eran dolorosas. Todas contenían devastación y muerte. Sentado en su banqueta, se ponía las manos sobre sus sienes, como queriendo estimular un pensamiento positivo que no llegaba. Aquello era terrible y sin evanescencia posible. Sería una continuación de la historia que comenzó en las otras islas y que no se suponía que ocurriera en esta. Pensaba en las proféticas palabras de Ponce de León, que juró venganza contra Agüeybaná, El *Bravo*. Se sentía impotente y consternado. Él mismo traía la encomienda de la propia Corona de apaciguar cualquier rebelión, pero no veía la forma de contener la ira y el deseo de venganza de los taínos. Temiendo caer en la desesperación, salió al pórtico y el aire fresco de la tarde, que ya se iba, lo calmó un poco. Allí tomó la decisión. Lo más que temía de aquel trágico e inevitable advenimiento, era que su familia estuviera en peligro. El único que le podía garantizar que esto no sucediera, era el Cacique Agüeybaná. Tenía que hablar con él.

Varios días trascurrieron y Sotomayor le daba las gracias a Dios porque el ataque que el intérprete predecía, no se materializaba. Él conjeturaba que si había una revuelta, no sería inmediata, y que tras de asegurar la seguridad de su hijo, podría marchar a la villa de Caparra y planear con su jefe la estrategia a seguir. Al fin se enteró de que Agüeybaná, el *Bravo*, estaba de vuelta y envió por él; tratando de fingir una tranquilidad que estaba muy lejos de sentir.

Ya no le cabía duda de que el bravo guerrero estaba a punto de declararle la guerra, pero a pesar de ello tomó un tono amigable y condescendiente. Quería hablarle y pedirle que aceptara la idea de enviar a Guanina y a su hijo a las montañas*, acompañados por una familia que velarían por ellos, para que estuvieran a salvo. El español tenía la autoridad para ejecutar aquel plan sin la autorización del Cacique, pero prefirió incluirlo, para que fuera parte del mismo.

Agüeybaná, que había entrado a la casona alterado y sin disimular su desdén, escuchó impasible el plan del español. Su corazón lleno de rebeldía no se conmovía, ni aceptaba ningún razonamiento que viniera de aquel mortal que de hecho, ya estaba sentenciado a muerte. En el fondo de su alma, sin embargo, todavía sentía respeto por aquel líder que le había demostrado en varias ocasiones que no estaba de acuerdo con el maltrato de su gente, pero que tenía que cumplir con las órdenes de sus superiores. Además, el adoraba a su hermana menor, y le placía verla tan feliz con su hijo. Pero él también era un líder y su gente dependía de su liderazgo; y ya los cemíes habían hablado.

De súbito, Guanina irrumpió en la alcoba, sobresaltando a los dos hombres que la miraron sorprendidos. Ella había llegado a la misma conclusión de enviar al niño fuera del peligro inminente. Sin saber que Sotomayor ya lo había decidido, aprovechó el momento de verlos juntos y sin vacilar un segundo, procedió a convencerlos sin dejarlos hablar.

-"Sé muy bien que nuestro hijo estará en peligro si ustedes comienzan a guerrear, y he decidido enviarlo a las montañas para protegerlo. Quiero que ustedes dos me den la aprobación para escoger una familia grande, para que se lo lleven y cuiden de él."

Los dos enemigos se miraron asombrados. Esta vez sus miradas no reflejaban la usual desconfianza. Al contrario, de ellas emanaba empatía y orgullo. Ambos compartían admirados la transformación absoluta de aquella niña princesa, a la decidida mujer y madre que estaba allí presente. Demandaba decididamente de los dos hombres más poderosos de aquella comarca, que la escucharan y le prestaran atención. Quizá era el innegable instinto materno y la sabiduría que su mensaje traía, y conmovidos, ya no podían negarle nada. Ella, ajena a esto, continuaba su firme petición.

-"Yo presiento que los Dioses nos enviarán destrucción y muerte y quiero que mi hijo esté lejos para que logre crecer y que en el futuro sea orgulloso de su sangre de español y de taíno. Quiero que nuestra semilla germine y que sus hijos, y los hijos de sus hijos, cuenten de sus antepasados en el areito; para que cada generación sea partícipe de nuestra historia y nunca la deje morir."

Tanto Agüeybaná, como Sotomayor, entendieron que aquel plan que ahora venía de ella, era magnífico y a la vez necesario. Los dos líderes sabían de la devastación que sufrirían los taínos, al comenzar una guerra que no podrían ganar, pero que era, sin duda, inevitable. Sotomayor pensaba sobre todo en el porvenir de su propio hijo. En las montañas tendría libre albedrío y una mejor oportunidad de sobrevivir. El apellido Sotomayor podría perpetuarse y ser parte, en el futuro lejano, de aquella tierra que él tanto amaba. Quería que Sotomayor fuera un nombre recordado y quizá grabado en la historia de Borikén, y que algún día sus descendientes se sintieran orgullosos de llevarlo.

Agüeybaná por su lado, pensaba en la preservación de su raza. Ya había visto sufrir y mermar a su pueblo bajo el maltrato del invasor. Había atestiguado las extrañas enfermedades que atacaban a su gente, las cuales la sabiduría de sus curanderos y de los sacerdotes, era incapaz de contener.

Los dos hombres que tanto amaba se acercaron a ella, pero la princesa de sangre bravía no desistió en su desafiante gesto, aunque se sintió inmensamente feliz, cuando percibió que en vez de señales de ira, ambos rostros mostraban apoyo y cariño. El Gran Cacique, se adelantó al español y posó la mano en el hombro de su hermana, gesto que Sotomayor ya conocía, y que era equivalente al efusivo abrazo de cariño de los españoles. Conmovido, interpretó la escena como algo transcendental. Interesado, prestó atención cuando Agüeybaná preguntó a su hermana, en castellano:

-"¿Cuándo piensas subir a las montañas?"

Ella contestó, sin vacilación, pero esta vez mirando al español.

-"No lo haré yo. Enviaré a nuestro hijo con mi gente y yo permaneceré aquí con ustedes."

De nuevo los dos hombres se miraron sorprendidos.

Fue Sotomayor el que esta vez tomó el hermoso rostro entre sus manos, diciendo con voz entrecortada:

-"Mi amada, eso es una locura. Nuestro hijo te necesitará con él, y aquí habrá guerra y nosotros no podremos protegerte."

El hermano mayor salió de la casona y se encaminó hacia el batey con el rostro cabizbajo, dejando a los dos amantes que resolvieran entre sí. Él tenía su propio conflicto con el que lidiar. El plan de su hermana era en verdad una solución a muchos males. Primero: salvaría a muchos taínos de aquella desventajada lucha, incluyendo al futuro Cacique por línea de sangre. Segundo: salvaría a su querida hermana de una muerte segura, ya que los ancianos líderes de la aldea, la habían nombrado traidora de su raza, por haber escogido al enemigo por su propia voluntad. Esto era pagadero con la muerte en forma de sacrificio a los Dioses. Él, siendo el jefe supremo, no se podía oponer a las leyes que él mismo tenía que obedecer e implantar. Por último, estaba Sotomayor. Ahora que sabía que no era un Dios, sino un simple mortal, no dejaba de admirarlo y respetarlo; pero era sin lugar a dudas su enemigo y tenía que eliminarlo.

Deseaba que su tío estuviera vivo, para que decidiera por él. Ahora recordaba cómo en sus últimos días, cuando presentía su muerte, El gran Agüeybaná lo llamaba a su caney. Allí lo sentaba en su dujo, y por horas le inculcaba la sabiduría y la historia de sus antepasados. También venía a su mente cómo él, le recordaba a su padre que era muy joven para asumir tan grande responsabilidad; pero la sucesión del Gran Cacique era inquebrantable, especialmente cuando él, era vinculado por sangre materna.

De él aprendió tantas cosas, pero por muy sabio que fuera, nunca pudo enseñarle cómo combatir efectivamente aquellos Dioses que aparecerían de entre las nieblas del mar, poderosos y despiadados; que dominaban aquellos rayos de pavoroso trueno, que con rayos invisibles atravesaban los cuerpos de sus guerreros. Tampoco le dijo sobre aquellas gigantescas bestias de cuatro patas, unidas a un ser del cual rebotaban las flechas y las lanzas. O de aquellos rabiosos perros que desgarraban la carne del que les hiciera frente.

Tampoco su padre hubiera imaginado que en corto tiempo, casi todos los taínos de aquella comarca, serían simplemente esclavos de aquellos invasores en los que él tanto confiaba.

*Las indieras de Maricao

Separación Tortuosa

Cristóbal Sotomayor ya había conocido en su joven vida toda la dicha que el amor era capaz de ofrecer. En otras circunstancias, su vida hubiera sido perfecta. Estaba bien conectado con los Reyes de España. Tenía una excelente posición política. Un puesto que era envidiado en la corte, y un héroe que lo había acogido bajo sus alas y lo hiso su Lugarteniente en la gobernación de la isla de San Juan Bautista. Tomó por compañera a la mujer de más alto rango en la raza indígena de aquella hermosa isla, que además de ser princesa, era también la doncella más bella que él había conocido. Para colmar su inmensa dicha, también Dios lo premió con un adorable niño que según él, perpetuaría el apellido Sotomayor.

Aquella mañana de verano, la estampa no hubiera podido ser más bella. Caminaba él, junto a su amada mientras en una blanda y verde canastilla, cargaba enternecido a su bello hijito infante. Sin embargo, la realidad era otra. También en su joven vida, ahora estaba viviendo el día más infausto, el momento de mayor aciago que había conocido. La noche anterior se la pasó con el niño en sus brazos paseándose por la sala de la tosca casona. No quería soltarlo. Guanina no se separaba de él, y los dos trataban para que el niño los premiara con su adorable sonrisa.

Eran los últimos momentos que pasarían juntos, y los jóvenes padres no sabían si tendrían la fuerza para dejarlo ir, pero ya todo estaba planeado. Ya un grupo de indígenas estaba listo para marchar a las montañas con el mandato de cuidar y criar el niño donde su vida no corriera peligro. Fuera del alcance de los españoles y de la ineluctable guerra que se vislumbraba. Agüeybaná en persona, escogió los jóvenes guerreros y lo bohiques que irían con ellos. Todos conocían aquellas montañas con sus ríos y vericuetos y no sería nada fácil para los españoles dar con ellos. Guanina había escogido el grupo de mujeres que cuidarían de su hijo tal como lo hicieron con ella cuando era niña.

A la hora de la partida, la joven madre apretaba el niño en su pecho y el llanto desgarrador bañaba la frazada que lo cubría. Sotomayor los abrasaba, y con ella también lloraba sin importarle que los indios lo miraran conmovidos. No podían soltarlo. Al fin, una de las mujeres les arrebató el niño, y el grupo marchó llevándoselo con ellos a la protectora sierra.

El final

Cristóbal Sotomayor esperaba en su villa, el ataque que nunca se materializó. Sabía bien que su villa seria eventualmente destruida, pero el concientemente no podía iniciar la batalla sin avisar al Gobernador Ponce de León y, además, no tenía los soldados para defenderse; mucho menos para iniciar una contraofensiva. Supuso que el Cacique Agüeybaná estaría planeando con los otros líderes para una guerra sistemática y bien organizada; y que ya no habría resistencia posible.

Sabiendo que no tenía tiempo que perder y tras ponderar dolorosamente, llegó a la tortuosa decisión de dejar a su querida princesa en la villa; ya que en caso de una posible emboscada en la ruta, no habría sobrevivientes y no resistía la idea de verla perecer ante sus propios ojos. Seguramente al dejarla atrás, su hermano la protegería y salvaría su vida, al igual que la del niño.

En vano trataba de calmar y convencer a Guanina, que aferrada desesperadamente a su cuello, se negaba a soltarlo, suplicando que la llevara con él.

Llegó la hora infausta. Con lágrimas en sus ojos, dejó su adorada princesa y marchó con su pequeño grupo de soldados, incluyendo a Juan González, que marchaba a la retaguardia para avisar de algún ataque por ese sector. Este, como los demás soldados, iba completamente uniformado y portando su arcabuz, su espada y el acerado casco cubriendo su cabeza.

No habían avanzado dos horas, cuando de la espesura se oyó el horripilante aullido de guerra de los taínos, que ya los seguían, anunciando muerte y destrucción. Juan González, se estremeció de miedo y contempló tres opciones: correr y avisar a Sotomayor; esconderse para salvarse y poder llegar hasta Caparra y dar aviso a Juan Ponce de León; o dejarse ver con la esperanza de que lo reconocieran y le perdonaran la vida.

Optó por la tercera alternativa y se quitó su casco para que lo reconocieran. Ya estaban sobre él, y varios indígenas le pasaron, más interesados en el grupo que iba por delante. Ya se sentía a salvo, cuando un terrible macanazo en su nuca, lo derribó inconsciente. Al verlo de bruces y ensangrentado, los demás guerreros lo dieron por muerto y prosiguieron su eufórica carrera.

Momentos después, González recobró el conocimiento y se sintió entristecido de no haber sido de más ayuda para Sotomayor y su grupo. No obstante, sabía que eventualmente alguien regresaría para cerciorarse de su muerte. Débil y ensangrentado, decidió esconderse para luego proseguir hasta Caparra y darle aviso a Juan Ponce de León. Para ello, subió a un alto y florecido roble, que lo recibió protectoramente en su rosácea bifurcación.

Entre tanto, Cristóbal Sotomayor también había oído el espeluznante alarido de los taínos y comprendió que el joven Cacique no iba a vacilar más en su determinación de hacerles la guerra a los crueles invasores. Sabía que su suerte estaba echada y que sin duda moriría allí mismo, pero no le guardó rencor y le deseó que saliera triunfante y que se salvara de la ira y de la terrible venganza de Juan Ponce de León y de su poderoso ejército,

-"¡Prepárense a pelear duro por sus vidas!", les gritó a sus soldados. "¡Párense firmes y usen bien sus espadas, y no desperdicien sus mandobles! ¡Que cada estocada cuente! ¡Y que Dios nos proteja y acoja nuestras almas si aquí perecemos!"

Diciendo esto, se colocó espada en mano frente al pequeño grupo y se encomendó a Dios. A los indios no les dio tiempo de usar sus flechas, ni a los soldados sus arcabuces. En su desenfrenada carrera, los taínos cayeron sobre de ellos, y la batalla se inició cuerpo a cuerpo, en una algarabía bestial.

La verde y fresca hierba Borincana, primero recibió los cuerpos sin vida de los taínos, que cayeron bajo las fulminantes estocadas de los adiestrados soldados.

Entre tanto, en la sala de la tosca casona donde Sotomayor la había dejado, Guanina lloraba desconsoladamente. Su mundo se había derrumbado alrededor de ella. Su joven alma taína, aún no sabía cómo enfrentar aquella locura que explotó tan repentinamente en su tranquila existencia. Por primera vez, se sentía sola y abandonada; sin la protección de su hermano y la familia con la que contó toda su vida. Pero lo más que la consternaba y la hería, era que su adorado español no quiso que fuera con él, tratando de protegerla.

De momento tomó una decisión.

-"¡*Sotomayol*!", gritó alocadamente, mientras brincaba al polvoriento batey, sin siquiera rozar los dos altos escalones que daban a la sala. Las lágrimas y el llanto habían sido remplazados por una determinación precisa y rotunda. Para que todo su dolor desapareciera, solo era necesario una cosa: ver su adorado español, y que estuviera aún vivo, para ella morir con él, porque la vida para ella, simplemente ya era innecesaria.

Por la gritería de la guasábara* se dejó guiar y pronto estuvo en un claro al margen del bosque y contempló la escena que le volvió a producir una angustia desenfrenada. Allí estaba su amado, como un Dios combatiente. Herido de muerte, pero sin dar un paso atrás. Entre sus lágrimas, la taína enamorada contemplaba aquel hermoso ser que dos años antes, ella había mirado fascinada, saliendo del mar como un Dios hermoso. Aquel, que la hizo tan dichosa con su amor sincero y sus mimos.

Ahora, nuevamente veía en él, otra calidad en su carácter que ella no conocía, pero que también admiró y acrecentaba su amor por él. Viéndolo allí, batiéndose con aquella salvaje bravura, supo como hembra de libre albedrío, que había escogido el mejor espécimen para engendrar su cría.

Aquel baroncito que ahora llevaba en las venas su sangre india, mezclada con la sangre ardiente que impulsaba la valentía y el denuedo de aquel bravo guerrero español, su padre.

Agüeybaná, el *Bravo*, sin percibir a su hermana, también contemplaba la cruenta batalla desde una corta distancia. En su mano tenía el poderoso arco de guerra, capaz de traspasar un caribe cuando tenían la mala suerte de arribar cerca de su territorio, cuando venían en uno de sus saqueos. A su lado en el suelo, descansaba el hacha con un sólido mango de oscura caoba y piedra de cuarzo brillante y afilada. Había decidido no intervenir en la guasábara* sabiendo que sus guerreros eran más que suficientes para acabar con todos los españoles. Sotomayor era su peor enemigo, pero no lo odiaba. Sabía que, en el fondo, el español era un hombre de honor y que solo cumplía con órdenes superiores; pero era el jefe en comando y eso había decidido su suerte.

El bravío cacique de Borikén había tomado la decisión correcta. Los españoles, eran sin lugar a dudas, invasores codiciosos y sanguinarios. Por el bien de aquella isla y por el acervo de su propia raza y cultura, había que desraizarlos. Su tío Agüeybaná se esforzaba por mantener la paz, pero él, que no había hecho pacto alguno con los españoles, los odiaba y se vio obligado a disentir y no cesaría en su lucha por la liberación.

Los bravos guerreros, fueron aniquilando los soldados españoles uno por uno. Su denuedo y sus gritos de guerra eran salvajes. Los continuos vejámenes y los abusivos tratos que habían experimentado, habían engendrado en sus entrañas, el odio más profundo, y una lava ardiente de venganza bullía en sus venas. Ahora, el incontenible volcán fluía y ni balas ni espadas lo detendrían. Los soldados peleaban con gran valentía y destreza y eran eficientes y letales, derrumbando a muchos taínos; pero las pesadas macanas y las pétreas hachas los iban mermando irremediablemente.

Agüeybaná, el *Bravo*, admiraba el coraje de Sotomayor que, sin dar marcha atrás, peleaba resuelto. Su espada, hiriendo y matando a diestra y siniestra. Pensaba, que si él fuera un caribe, se tomaría la sangre de aquel gran guerrero para adquirir su valentía.

Los macanazos y la pérdida de sangre habían debilitado a Cristóbal Sotomayor, y Agüeybaná vio casi con tristeza como el noble hidalgo cayó de rodillas herido de muerte. El Gran Cacique no quiso verlo morir así, acabado en el suelo a macanazos. Agarró su arco y decidió darle un fin más digno y expedito. A una señal suya, sus guerreros se alejaron de

Sotomayor; dejándolo todavía sujetado de su espada para no caer.

Sotomayor sabía que había peleado bien, pero también sabía que aquel era el final y que allí perdería su vida. La noción de no ver más a su querida princesa, lo consternaba hasta el punto de que sus lágrimas brotaban sin cesar. A pesar de su precaria situación y sabiendo que solo contaba con segundos, hizo un esfuerzo sobrehumano para darle las gracias a Dios por haber traído a su vida el amor más bello que un hombre hubiera disfrutado jamás.

Entretanto, Guanina ahogaba con sus manos el llanto desgarrador, mientras contemplaba las dos escenas. Sabía que su hermano cargaba aquel enorme arco y comprendió sus intenciones. Ahora lo seguía como lo había hecho tantas veces. Tristemente, esta vez era distinto, pues ella sabía el destino de aquella flecha. Oculta y silenciosa, lo vigilaba. Tenía que predecir cada movimiento para poder adelantarse y velar por el próximo. La sangre taína la suplió con la adrenalina necesaria. Su hermoso cuerpo estaba completamente tenso y cada músculo y tendón se manifestaba en su piel como cables de acero.

Ahora el taíno corría velozmente. Ya su arco estaba estirado y su mirada fija en la presa. Cuando se detuvo e hincó su rodilla al suelo, ya Guanina se le había adelantado y corría, pero corría como nunca antes lo había hecho, poniendo toda su fe en los buenos cemíes. La carrera era desesperada. Ya sabía adónde la flecha iba dirigida. Sus ojazos negros cubiertos de lágrimas estaban fijos en su adorado español. En voz alta clamaba su nombre para que él supiera que ella estaba allí, con él. En el último instante, se abalanzó sobre su pecho.

En sus últimos momentos, Sotomayor sufría un dolor que iba más allá de lo físico. El deseo de oírla una vez más, era tan intenso que borraba la triste realidad que enfrentaba. De rodillas y aún asido a su espada, Sotomayor la escuchó entre las brumas de la semiinconsciencia, pero creía que deliraba; hasta que su ojos aún abiertos, la vieron venir. También escuchó claramente aquella voz tan amada repitiendo su nombre de aquella manera que nunca cambió, y que el simplemente adoraba.

-"¡*Sotomayol, Sotomayol.*"

Para el colmo de su postrera felicidad, la sintió en sus brazos. Aquella suprema dicha, desvaneció por completo todo su dolor físico, sustituyéndolo por la dulce emoción del enamorado que acurruca en su amante pecho, a la mujer amada que lo mira extasiada.

La fracción de un segundo se hizo eterna para los dos amantes. Ella lo miraba con toda la ternura que tenía en su ojazos negros. Sus dos voces dijeron al mismo tiempo: -"¡Mi Guanina..". -"¡*Sotomayol*".

Sus corazones, que juntos palpitaban tan felices por aquel encuentro, compartieron el último latido, y ni siquiera sintieron la certera flecha que los atravesó a los dos.

Fin.

A JUAN PONCE DE LEON

Ponce de León con su espada
Se ganó muchos decoros
Luchando contra los moros
En la guerra de Granada
España fue liberada
Casi ocho siglos después
Ahora que Juan Ponce es
Un héroe de aquella guerra
Va a aventurar a otra tierra
Que descubrió un Genovés

Fue el primer conquistador
En la isla Juan bautista
Y añadiendo a su conquista
Lo hicieron gobernador
Cristóbal Sotomayor
Que fue su lugarteniente
tomó la parte de oriente
Y entre los dos gobernaban
Pero también se enfrentaban
Al taino resistente

Cuando Sotomayor cayó
Bajo Agüeybaná el taino,
Ponce, de Caparra vino
Y por su amigo lloró.
Con su ejército llegó,
Y traía una misión
De acabar la rebelión
Y vengar su compañero,
Y calló sobre el indio fiero
La sombra de la extinción.

Después descubrió florida
Que el mismo la bautizó
Pero jamás encontró
La elusiva fuente de vida,
De un flechazo fue la herida
De los indios que allí están,
A La Española se van
y allí murió en su aventura
Hoy guarda su sepultura
La catedral en San Juan

Paquito

A Cristobal Sotomayor

Cristóbal Sotomayor
De sangre noble nacido
Por la Reina fue escogido
Y traía una misión de honor
Segundo gobernador
También le fue intitulado
Pero se vio rodeado
Del indígena orgulloso
Que se queja del acoso
Al sentirse esclavizado

Se enamoró de una princesa
Que era hermana del cacique
Haciendo que se complique
Su monumental empresa
Pero dulzura y belleza
Emanaban de aquél ser
Y no podía contener
El amor por la taína
La hiso su concubina
Y un niño hubo de nacer

Trataba de proteger
El derecho de los taínos
Pero otros jefes mezquinos
Abusaban del poder
Tristemente y sin querer
En la pelea se vio envuelto
Porque Agüeybaná resuelto
La guerra le declaró
Con gran valor se batió
Pero lo dejaron muerto

Se sublevó el pueblo taíno
Y temblaban los españoles
Al oír los caracoles
Comunicando el camino
La muerte de muchos vino
Al ser la villa incendiada
En el pueblito de Aguada
Todavía se aprecia
Las ruinas de aquella iglesia
Por los taínos quemada

paquito

Agüeybaná

Con Guanín y taparrabo
En una estatua de bronce
Bajo de una ceiba en Ponce
Está Agüeybaná El bravo
Que no quiso ser esclavo
Y enfrentó la tiranía
Aunque un chance no tenía
Con enemigo tan fuerte
Luchó hasta su misma muerte
Defendiendo su Guaynía

Ya había matado al segundo
Llamado Sotomayor
Pero ahora el Gobernador
Venia a destrozar su mundo
El encuentro fue rotundo
Y él sabía que perdería
Pero le sirvió de guía
A las tribus allí unidas
Que se jugaron sus vidas
Defendiendo su Guaynía

Un soldado arcabucero
Que le apuntaba al guanín
Disparó y halló su fin
Aquel Cacique tan fiero
Pero había mucho guerrero
Y Ponce de León sabía
Que si no se defendía
Los indios lo masacraban
Así taínos peleaban
Defendiendo su Guaynía

Al morir Agüeybaná
Los indios se desbandaron
Pero por años lucharon
Siendo casi extintos ya
Aunque con ellos no va,
Agüeybaná le influía
Porque en cada algarabía
Su gran caracol se escucha
Instándolos a la lucha
Defendiendo su Guaynía

paquito

Cuando los barcos vinieron

Cuando los barcos vinieron
Que la gente desbordó
Agüeybaná los recibió
Todos bienvenidos fueron
Amigables los recibieron
Con una actitud serena
Aquella playa está llena
Con la gente de los barcos
Pero ni flechas ni arcos
Aparecen en la escena

Agüeybaná el gran cacique
Viril de porte royal
No vio en ellos ningún mal
Ni nada que se lo indique
No hay nadie que le explique
Y no entiende aquellas voces
Anterior a los acoses
Él le ofreció su amistad
Y los trató con dignidad
Asumiendo que eran Dioses

Después de morir su tío
Reinó Agüeybaná el bravo
Y al ver a su pueblo esclavo
Escogió un profundo río
Y allí ahogaron un impío
Que nunca resucitó
Fue entonces que comprobó
Que eran indignos mortales
Y portadores de los males
Que a su pueblo desbastó

Pronto se hiso evidente
Que no eran Dioses ni buenos
De codicia estaban llenos
Y peligraba su gente
Solo, no podía hacerle frente
Y convocó al pueblo aliado
Y en el batey en Utuado
Prosternado ante el semí
declaró la guerra allí
y quedó inmortalizado

Danzaban en el areito
Los tainos como costumbre
Agüeybaná en pesadumbre
Vislumbra el sangriento pleito
Esta vez no me deleito
La guerra nunca hace bien
Pero niego a ser rehén
De esta malvado invasor
Prefiero mucho mejor
Morir por mi Borikén

paquito

Salcedo

Salcedo ha quedado inerte
Y no dice el historial
Que fue el último inmortal
Primero en hallar la muerte

Todavía el audaz taíno
Obediente de Salcedo
Le tenía respeto y miedo
Porque lo creian divino
Pero ya el indio convino
De arriesgar su propia suerte
de momento se convierte
Como guerrero que era
Y cuando saltó aquella fiera
Salcedo ha quedado inerte

De cuatro brazos era ella
La silla en que se sentó
Y allí cómodo admiró
El agua profunda y bella
Se instaló en la silla aquella
Con porte altivo y royal
Y cargando aquel mortal
Iban dos forzudos hombres
Quisiera saber sus nombres
Y no lo dice el historial

venganzas serían feroces
Pero así se probaría
Que aquel español sería
El último de los Dioses
Salcedo no oyó las voces
Su arrogancia fue fatal
Nunca imaginaba tal
Ataque de alta sorpresa
Y probó la hazaña esa
Que fue el último inmortal

El rio de Añasco cruzaba
Y los tainos lo ahogaron
Y por tres días lo velaron
A ver si resucitaba
Cuando no se levantaba
Todo el engaño se vierte
El caracol dice fuerte
Que Salcedo ha fallecido
Primer Dios que fue vencido
Primero en hallar la muerte

paquito

CPSIA information can be obtained
at www.ICGtesting.com
Printed in the USA
BVHW040823050723
666774BV00005B/145

9 781955 347181